아이에게 주는

감정 유산

가족심리학자 엄마가 열어준
마음 성장의 힘

아이에게 주는
감정 유산

이남옥 지음

라이프 앤 페이지
Life&Page

✛ 차례 ✛

여는 말   부모와 나, 나와 아이의
            빛나는 유산 • 8

PART 1   아이 존재 그대로를
         존중하는 것 • 14

아이에게 주는 긍정의 힘 • 19
존재의 무한한 인정, 탄생 신화 • 23
이야기에 담긴 세 가지 요소 • 27
또 다른 긍정성, 가족 신화 • 30
아이에게 말하는 자기 예언 • 34
아이 안에 숨 쉬는 성장 욕구 • 37
믿음의 출발, 긍정 전환법 • 42
존중과 인정 그리고 사랑 • 47
아이와의 관계 통장 • 51

PART 2   좌절과
          실패 속에서 • 58

함께 견뎌주는 것 • 63

한국과 독일 사이에서 • 69

최악의 시험 점수 • 73

불편한 상황을 마주 보기 위해 • 77

부모의 해결 과제 • 82

아이들 저마다의 생의 의미 • 86

지금 이 순간의 깨달음 • 90

좌절의 이면을 바라보기 • 94

PART 3 우리만의 리추얼,
감정의 연결 • 100

감정의 언어들 • 105

감정과 스킨십 • 110

잠들기 전, 매일의 리추얼 • 114

아이에게 주고 싶은 기억 • 119

정서적 연결성의 힘 • 123

훈육보다 중요한 것 • 127

긍정적인 말의 변화 • 131

진심을 전하는 것이 가장 효과적인 대화 • 135

PART 4 건강한 관계를
맺기 위해 • 140

가족으로 이어진 관계에 대해 • 145

아이에게서 나를 보지 마세요 • 149

피하고 싶은 것이 인생의 전부가 되는 이유 • 153

끝내 풀지 못한 문제 • 158

나도 모르게 아이에게 주는 상처 • 162

나를 이해하기 위한 상담 과정 • 168

이드 부모, 초자아 부모 • 172

나의 관계 패턴을 이해하면 • 176

PART 5 **정서적인 독립과
나아가기** • 182

정서적인 독립의 의미 • 187

나다움을 찾아서 • 191

바람직한 분화에 대해 • 196

사랑은 조건부가 아니다 • 202

내가 세상에서 제일 잘한 일 • 206

아이가 자신의 길을 찾아갈 수 있도록 • 209

우리의 사랑이 영원하듯 • 212

감사의 말 내가 배운 사랑은 • 218

부모와 나, 나와 아이의
빛나는 유산

  아이가 성장하는 모습을 보면서 나를 돌아보고, 부모님과의 관계를 생각하게 됩니다. 어쩌면 이 책은 부모님, 저, 그리고 우리 아이로 이어지는 3대의 이야기가 핵심이 될 수 있겠습니다. 얼마 전 저의 아버지가 소천하셨어요. 아흔셋의 연세지만 그래도 이별은 아플 수밖에요. 지난여름부터 부쩍 안 좋아지셨는데 가을에는 이별을 예감하셨던지 "나는 괜찮다. 아버지는 행복하게 살다 간다. 아버지가 가더라도 울지 마. 웃는 거야"라고 말씀하셨어요. 보내드리고 많은 생각을 했습니다. 제가 부모님에게 받은 것, 또 제가 부모로서 우리 아이에게 준 것과 받은 것들에 대해서요.

  상담과 심리학은 제가 생각한 진로는 아니었습니다. 오랫동안 준비했던 분야에서 대학 입시에 실패했고, 우연한 기회에 심리학을 전공하고 공부하게 되었습니다. 그런데 놀랍게도 이

일에 깊은 소질과 관심이 있다는 것을 공부할수록 알게 되었습니다. 독일 유학 시절 임상경험도 많지 않고 말도 서툴렀는데 독일 현지인들에게 많은 공감을 받았고, 능숙하게 경험이 쌓인 분들보다 저를 찾아오는 내담자가 더 많았어요. 저의 지도교수님도 놀라워하셨죠.

사람들의 마음을 이해하고, 공감하고, 더 나은 방향으로 이끌 수 있는 역할을 할 수 있다는 것에 매우 큰 보람을 느꼈습니다. 힘든 수련 과정도 저에게는 보람의 연속이었습니다. 그 마음이 35년이 넘은 지금도 변함없는 것을 보면 바로 이것이 천직이구나, 싶습니다.

사람들은 저에게 아프고 힘든 사람들의 이야기를 들어주는 것이 일이 되어서 힘들지 않느냐고 많이 물어봅니다. 그런데 저는 이 일이 힘들게 느껴지지 않아요. 인간이 갖는 무한한 잠재력과 긍정성을 믿거든요. 그 가능성을 끄집어내고 좀 더 나은 방향으로 돌려놓는 것은 수십 년이 넘도록 이 일에 대한 희망과 희열을 가져다줍니다.

곰곰이 '왜 그럴까?' 생각해보면 제가 부모님으로부터 받은, 또 조부모로부터 받은 심리적 자본이 매우 튼튼하기 때문인 것 같아요. 인간으로서도, 심리학자로서도 정말 감사한 일입니다. 우리 부모님은 심리학, 교육학에 대해서는 전혀 배우신 바가 없었지만 실제로 그것을 삶 속에 실천하신 분들이죠. 저는 부모님을 모델로 삼아 심리학에 제 경험을 적용했어요. 이 분야를 오랫동안 공부했지만 공부보다 더 몸에 배어 있는 것은 우리 부모님이 저에게 주신 사랑이라고 생각합니다. 결핍에서 오는 성장도 있지만 제가 가진 인간에 대한 이해는 이런 충만함이 크게 작용했습니다.

당연하다고 생각한 부모의 사랑이 해가 되는 경우를 봅니다. 더러 보는 것이 아니라, 상담하면서 정말 많이 보게 되죠. 저의 상담 원칙은 제가 자라오면서 보고 배운, 인간에게 자리한 긍정적인 희망을 바탕으로 하고 있습니다. 그리고 부모의 근본적인 사랑에 집중합니다.

상담하면서도, 또 아이를 키우면서도 그 마음은 같습니다. 성인이 된 우리 아이는 정신과 의사의 길을 걷고 있습니다. 독일에서 태어났는데 독일에서 10년을 보내고 초등 고학년과 중학교는 한국에서 공부를 했습니다. 고민 끝에 독일로 다시 돌아가 학업을 이었고 베를린 의대에서 박사까지 졸업한 후 정신과 전문의 과정을 밟고 있습니다. 자신의 길을 훌륭하게 걸어가고 있지만 그간의 과정이 모두 순탄한 것은 아니었습니다. 나름의 부침은 존재했지만 아이는 잘 성장했고, 내면도 건강한 어른이 되었다고 생각합니다. 아이의 성장을 당연히 여겨 왔는데 어느 날 아이의 모습이 달리 다가왔습니다. 아마 아버지와의 이별을 준비하면서 가족의 이야기가 더욱 가슴 깊이 다가왔던 것 같습니다. 지난 30년, 아이가 태어나 자라는 과정에서 깨달았던 이야기들이 굽이굽이 마주했던 삶의 고민과 맞물린다는 생각이 들었습니다. 그래서 아이에게 어떤 공감을 해주었고, 어떤 이야기를 들려주었는지 돌아보았습니다.

이 책에서는 아이를 키우는 과정에서 아이에게 주었던 존중과 공감, 아이의 좌절과 실패를 대하는 법, 감정을 다루는 여러 가지 리추얼, 나의 상처로부터 자유로워지는 관계 맺기, 정서적 독립에 대한 이야기들을 정리해보았습니다. 또한 가족 상담을 하면서 느꼈던 생각도 함께 담았습니다. 물론 제 경험과 생각이 정답은 아닐 수 있습니다. 아이마다의 기질도 제각각이기에 정형화할 수 없는 일이죠.

다만 아이를 키우는 일, 인간의 마음을 읽는 일, 수십 년간 해온 이 일들에서 비슷한 맥락이 읽히고 우리 삶의 과정이 모두 연결되는 일이기에, 제가 아이를 키운 과정과 상담하면서 나눈 말들을 정리하는 것은 의미가 있다고 생각했습니다.

부모의 사랑은 참 위대한 사랑입니다. 나는 부족하다고 생각하며 자책하는 부모들이 많습니다. 하지만 본능적으로 아이들은 부모의 사랑을 알고 있어요. 부모가 하는 노력들을 느끼고 있습니다. 우리가 가는 길이 조금 더 마음 편할 수 있도록, 조금 더 여유를 가질 수 있도록 제 생각을 더해보았습니다. 편하게 들어주세요.

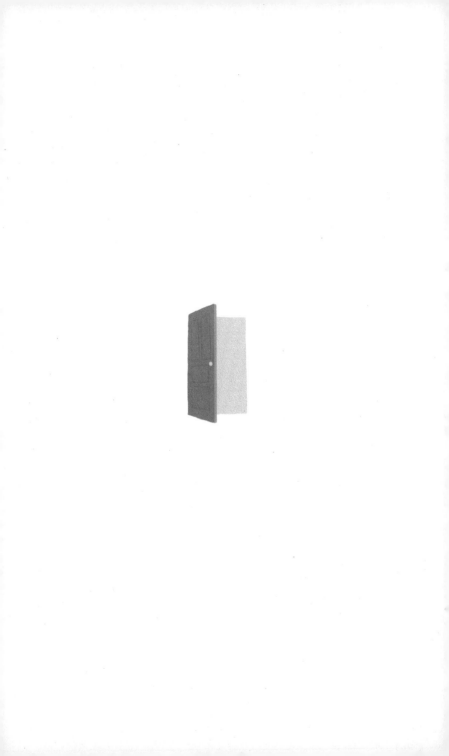

PART 1

아이 존재 그대로를
존중하는 것

존재에 대한 무한한 긍정을 토대로 한 탄생 신화,

가족 신화는 제가 생각하는 육아의 발판,

아이 고유의 이야기의 시작입니다.

이 이야기 안에는 존중, 아름다움, 유용성이 담겨 있습니다.

아이는 존재 그대로의 자기 모습을 사랑할 수 있어야 해요.

그래야 아이가 편안한 마음으로

자기 존재를 인식합니다.

아이에게 주는
긍정의 힘

　제가 강의를 하거나 상담을 하면 이런 이야기를 많이 듣게
됩니다.

　"애들이 약아서, 잘해주니까 아주 버릇이 없고 요구 사항
만 많아져요. 확실히 혼내야겠어요."

　그러면 저는 그렇게 말해요. 부모가 아이에 대한 바탕색을
긍정으로 해놓아야 된다고요. 우리 아이는 정말 좋은 의지가
있고 잘하려는 마음이 있고 잘할 수 있다는 이런 긍정의 색으
로 아이에 대한 생각을 출발해야 돼요. 긍정의 바탕색을 깔아
놓으면 똑같은 행동을 했을 때 반응이 달라져요. 바탕이 이미
믿을 만한 아이라고 하면 반응이 다른 거죠. 그런데 이 바탕을
'애는 원래 이런 애, 내가 감시 안 하면 분명히 게임할 아이, 기

회가 생길 때마다 용돈 바라는 아이'로 설정하면 또 그렇게 행동의 흐름이 흘러갑니다.

아이가 어떤 실수를 했을 때 이런 말이 나옵니다. "너 이럴 줄 알았어. 너는 또 그런 식으로 하냐? 너는 얘기 안 하면 늘 이렇게밖에 안 하더라!" 이런 말은 아이의 근간을 흔드는 이야기입니다. 이 이야기를 아이가 듣게 되면 '아, 엄마가 나를 신뢰하지 않는구나. 엄마 눈에는 내가 나쁜 아이구나' 이렇게 받아들이죠. 아이에게 하는 긍정적인 이야기는 아낌없이 일상에서 많이 사용되어야 합니다. 응석받이로 만들라는 것이 아니라 아이의 행동과 말을 인정하고 긍정하는 훈련이 일상에서 배어 있어야 한다는 것이죠.

'나는 신뢰받고 사랑받는 아이야' 이런 자아상이 아이에게 심어져 있어야 합니다. 이것이 아이가 힘들거나 위기의 순간에 큰 힘을 발휘해요. 부모가 아이 인생을 다 따라다니며 함께 할 수는 없죠. 그렇지만 자랄 때 심어준 이 믿음이 아이 인생을 위기에서도 항상 비추어주는 것이라 생각합니다.

그런 확신을 갖고 있는 것은 저의 경험 때문입니다. 돌이켜보면 우리 집은 그 시대에 비추어 특이했어요. 저는 늘 아버지에게 "사랑한다"는 말을 들었거든요. 기저귀를 직접 갈아주기도 하셨고, 제가 아프면 저를 포대기에 업고 병원에 뛰어가셨는데 그 모습이 친척들이 보기에도 남달라 보였나 봐요. 그런데 아버지는 다른 사람들 시선은 별로 신경쓰지 않으셨던 것 같습니다. 부모님이 "사랑한다, 예쁘다" 이런 이야기를 늘 해주시니 저는 그게 전혀 어색하지 않아요. 또한 저는 조부모와의 관계도 중요하다고 생각하는데 조부모와 같이 살아도 좋고, 같이 살지 않아도 좋아요.

저는 할아버지 할머니와 함께 사는 대가족 속에서 성장했어요. 조부모의 사랑은 부모의 사랑보다 훨씬 더 느긋해요. 특히 할아버지가 저만 보면 웃음이 난다고 할 정도로 무조건적인 사랑을 주셨어요. 제가 길을 걷다가 넘어져도 "네가 운동 신경이 좋아서 안 아프게 잘 넘어졌구나" 하시고, 달리기 시합에서 꼴찌로 들어와도 "넌 뛰는 폼이 최고다" 이러셨어요. 이런 이야기를 자라는 내내 들어서 저는 제가 무슨 일을 도전해야 하고, 어려움이 닥쳐도 할아버지의 목소리가 들려요. "아니야, 괜찮다. 우리 손녀 최고다. 네가 잘한 거다" 이것이 살아가는 데 얼마나 큰 힘이 되는지 모릅니다.

인간이 살아갈 때 모든 것이 불확실의 연속이죠. 살아가는 것은 계속 용기가 필요한 일이에요. 그 가운데 새로운 시도를 계속해야 돼요. 결과는 몰라요. 그래도 해야 되는 거라고 생각하면 얼마나 불안해요. 그런데 "괜찮다. 너 잘하고 있어" 이런 말이 들린다면 앞으로 나아갈 힘이 생깁니다.

누군가 "너는 그럴 힘이 있는 사람이야. 괜찮아. 지금 충분히 잘하고 있어"라고 들려주는 이런 믿음의 목소리는 어른이 된 후라도, 아무리 나이가 들어도 힘이 되고 용기를 내게 만들어요.

추운 겨울에 동동거리며 들어와 발이 얼어 있으면 어머니가 아랫목으로 발을 넣어주시고 "많이 춥지?" 하며 손발을 어루만지며 온기를 나눠주시던 그 촉감이 아직도 생생하게 기억나요. 온몸에 가득 채워지던 따뜻함. 어떤 상황에서도 나를 지지하는 누군가가 있다는 것. 그런 것들이 저를 지금까지도 편안하게 만드는 에너지원이에요.

존재의 무한한 인정,
탄생 신화

제가 결혼을 한 나이가 서른 살이었어요. 그 당시만 해도 늦은 결혼이었죠. 그래서 결혼을 한 직후부터 아이를 많이 기다렸고, 또 가족들도 마찬가지 마음이었어요. 아이에 대한 바람은 항상 품고 있었던 것 같아요. 마침 저는 독일에서 석사 과정이 끝났고, 남편은 박사 과정을 이제 시작하는 단계여서, 하던 공부가 마무리되고 다음 단계로 올라가는 시기에 아이가 찾아왔어요. 너무 반가웠고 그 사실을 알자마자 어머니에게 전화를 했더니 밤중에도 너무너무 기쁜 목소리로 전화를 받으셨어요. 그만큼 온 가족이 기다린 아이였어요.

저는 아이의 탄생이나 자기 존재 의미 같은 것들을 좋은 이야기로 연결시키는 게 아이에게는 굉장히 중요하다고 생각했어요. 우리 부모님에게 보아온 것이기도 했고요. 저는 삼 남매인데 우리 삼 남매가 갖고 있는 탄생 시기와 관련된 이야기들이 저마다 있어요.

제가 심리학 워크숍을 진행할 때면 "엄마의 배 속에 있었던 순간까지도 한번 생각해보세요"라는 말을 합니다. 저는 잉태되는 순간부터 엄마의 배 속에 있었던 시간을 평온하게 기억하고 있습니다. 그런 느낌을 갖게 된 이유가 있습니다.

아버지가 학교 교사였는데 첫 번째 부임지인 안성고등학교에 이어 두 번째 부임지로 백령도 섬마을 오지에 발령받으셨는데 그곳에서 제가 태어났어요. 백령도에는 성당이 딱 하나 있었는데 부모님이 성당을 가시려면 거의 십 리 길을 꼬박 걸어서 가셨어요. 예정일이 많이 남아서 크리스마스에 미사를 보러 가셨는데, 갑자기 아이가 태어날 것 같은 신호가 왔고 결국 성당에서 다음날 저를 출산하셨어요. 성당 전체에 정말 축복처럼 신기한 일이 벌어진 것이죠. 신부님 역시 너무 기뻐하셨고 바로 다음날에 저는 세례를 받게 되었어요.

부모님은 항상 말씀하셨어요. "너의 탄생은 특별하다, 너는 우리에게 온 크리스마스 최고의 선물"이라고요. 그 이야기를 제가 자라면서 계속 해주셨고, 여전히 지금도 들려주세요. "너는 축복받은 귀한 존재"라고요. 그런 이야기는 아무리 들어도 질리지가 않아요. 들을 때마다 새롭고 편안하고 행복한 기분

이 들게 해요. 그걸 줄곧 듣고 자란 저는 우리 아이에게도 꼭 탄생 신화를 만들어 들려주어야겠다고 생각했어요. 인위적인 이야기가 아니라 자연스럽게 의미 있고 아이와 연결된 이야기를 생각했어요. 마침 우리 아이는 출산 예정일이 크리스마스인 12월 25일이어서 그에 맞는 이야기를 들려주었습니다.

"나랑 아빠랑 하느님에게 가서 특별한 크리스마스 선물을 청했고, 하느님에게 우리는 아기가 갖고 싶다고 그랬어. 그 말을 들은 하느님께서 천사들이 많이 노는 천국의 동산으로 가서 예쁜 아이를 데려가라고 하셨던 거야.

그중에서 한 아이가 너무너무 예쁘더라. 그런데 그 아이가 유달리 예쁜 이유가 있었어. 왜냐면 다른 천사가 넘어졌는데 그 넘어진 친구 천사를 다독이면서 "괜찮지?" 이렇게 위로하는 모습을 보았거든. 모습만 예쁜 게 아니라, 고운 마음이 너무 사랑스러워서 이 천사를 데려가고 싶다고 얘기를 했더니, 하느님이 이 천사는 너무 예뻐서 아무에게나 줄 수 없다고 하시는 거야. 그 말을 듣고 너무 실망을 했어.

우리가 너무 슬퍼하니까 하느님이 그럼 우리에게 다짐을 꼭 받아야겠다고 하셨어. 어떤 다짐이냐면 너무 예쁘고 소중한

아이 존재 그대로를 존중하는 것

하느님의 천사이기 때문에 우리가 사는 세상에 데려가서 따뜻한 사랑으로 마음을 다해 잘 키운다는 약속을 해야 한다고 말이지. 그래서 우리는 정말 철저한 약속과 다짐을 한 다음에 천사를 데려올 수 있었어. 너는 그렇게 우리에게 찾아온 거야."

이게 우리 아이의 탄생 신화입니다. 정말 이 탄생 신화를 아이에게 끊임없이 반복해서 들려주었어요. 존재 자체의 긍정성을 부여해준 것이죠. 아이와 눈이 마주쳤을 때, 아이가 잠들 때, 어떤 이야기를 해야 할 때, 아이에게 힘을 주고 싶을 때, 수도 없이 해준 이야기인데도 또 들려주면 아이가 너무 편안해했어요. 가끔 엄마 아빠가 자신에게 집중하지 않는 것 같으면 "하느님이 신신당부했는데! 하느님이랑 약속 지켜야지!"라고 말하면서 온 가족을 웃게도 만드는데 제가 그랬듯, 탄생 신화를 통해 행복하고 안정된 느낌을 받는 것 같았어요. 제가 받은 좋은 경험을 아이에게 온전히 돌려주고 싶었습니다.

부모가 아이에게 이야기를 만들어 들려주다보니 이 탄생 신화에 부모의 기대나 요구가 들어가기도 해요. 하지만 오로지 아이 존재 자체의 긍정이 필요합니다. 그리고 아이의 출생과 관련된 근거들이 연결되어야겠죠. 그래야 아이가 이 이야기를 자기 것으로 받아들입니다.

예를 들어서, 우리 아이는 12월 31일 날 양수가 터져서 1월 1일 날 태어났어요. 그런데 1월 1일에 태어날 때 정말 신비로울 정도로 어마어마하게 흰 눈이 내렸고 반짝반짝 눈꽃이 내려앉아 온 세상이 보석 같은 느낌으로 아름다웠어요. 아버지가 우리 아이의 탄생에 대해 일기를 쓰셨더라고요.

"우리 아기가 태어난 날을 기념하기 위해서 새로운 해에 하느님이 아름답고 신비로운 광경을 만들어주셨나 보다."

이런 느낌과 더불어 그때 부모의 마음이라든지, 탄생을 준비하고 바라보는 의미와 연결될 수 있게 하는 것이 중요합니다. 욕심과 기대는 내려놓고요. 아이는 내 몸을 빌려서 태어난 거지 나의 작품이 아니에요. 내 소유물도 아니고요.

"나는 네가 뭘 해도 좋아. 네가 스스로 원하는 것을 찾아가는 거야. 그리고 내가 너에게 도와줄 수 있는 것이 있으면 옆에 있을게. 그리고 이것은 너만의 이야기야."

이렇게 아이에게 탄생 신화를 선물해줍니다.

저는 제가 만나고 가르치는 사람들에게 지금이라도 늦지 않았으니 자녀가 있는 사람이라면 탄생 신화를 꼭 만들어주라고 말합니다. 아이가 탄생한 계절이나 장소, 태몽에 기반해서 특별한 의미를 연결시켜 이야기를 만들어주면, 아이는 자기 자신을 존중하고 사랑할 수 있습니다.

탄생 신화에는 아이 존재 자체에 대한 긍정과 존중, 애정이 있어요. 여기에는 이야기가 있고 말의 특별함이 녹아들어 있죠. 저는 심리학을 공부하고 상담을 하면서 깨닫게 된 언어의 중요성을 늘 강조합니다. 언어는 어떤 맥락에서건 세 가지 요소를 반드시 갖고 있어야 돼요. 바로 존중, 아름다움, 유용성입니다. 그래서 탄생 신화는 아이의 존재 자체를 존중하는 이야기여야 하고 아름다운 이야기여야 돼요. 그리고 동시에 이 안에서 힘이 생길 수 있는 유용성이 있어야 합니다.

탄생 신화는 제가 생각하는 육아의 발판, 아이 고유의 이야기의 시작입니다. 아이를 대할 때, 또 아이에게 말을 할 때, 말속에 담긴 존중의 마음, 긍정적 의미를 부여하는 아름다움, 그 말에 힘을 주는 유용성을 생각하면 좋을 것 같습니다. 우리가 하는 말에는 힘과 에너지가 있으며 우리의 감정과 행동, 우리의 삶에도 영향을 끼칩니다. 이것을 탄생 신화에 담아보았으면 합니다.

아이 존재 그대로를 존중하는 것

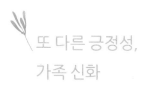

또 다른 긍정성,
가족 신화

　존재에 긍정성을 부여하는 또 하나의 이야기가 있습니다. 제가 진행하는 세미나 시간에 꼭 하는 작업이에요. 바로 가족 신화 작업입니다. 우리는 신화라고 하면 미신이나 불길함을 떠올리는데 긍정적인 신화도 얼마든지 있을 수 있어요. 긍정적인 자기상을 만들 때 필요한 작업입니다.

　가족 신화는 실제로 어마어마한 힘이 있습니다. 그런데 가족 신화를 부정적으로 쓰면 안 좋은 방향으로 큰 파급력을 가져오는 거죠. 이게 다 불안에서 나오는 현상입니다. 상황이 불안하면 빨리 아이에게 미신적인 의미나 낙인을 주어서 벗어나려고 합니다. 여기서 부정적인 의미를 붙여 넣는 건 정말 비겁한 일이에요. 본인이 갖고 있는 불안을 없애기 위해 아이를 희생양으로 만드는 거니까요.

　아이의 행동을 보면서 본인이 불안하니까 "넌 아빠 닮아서 그런 거 같아", "너 하는 거 딱 보면 엄마야" 이렇게 인지적으로 자신의 불안을 정리하기 위해 비겁한 행동을 합니다. 절대로 해서는 안 되는 거라고 강조하는데 왜냐면 이 미신이 굉장한 파워가 있기 때문이에요. "우리가 삼재잖아", "우리가 이런 데 약하잖아", "피는 못 속여서 네가 그런 걸 뭐", "너 보니까 딱 저쪽 집안 하는 모습이야" 이렇게 일상적으로 아무렇지 않게 말하지만 이게 끈질기게 우리 생각을 파고들고 행동으로 이끌어요. 이런 행동들이 누적되어 삶의 동력을 잃는 경우를 많이 봅니다. 그래서 진짜 이런 말들을 조심해야 된다고 생각합니다. 우리가 은연중에 내뱉는 부정적인 가족 신화는 반드시 돌아보았으면 합니다.

그러니 부정적인 가족 신화가 아닌 긍정적인 미신을 가져와야 합니다. "넌 잘될 거래. 어떤 꿈을 꿨는데 그게 너 잘되는 거랑 다 관련이 있대. 넌 사랑받는 운을 타고났대" 이렇게 좋은 것들은 끌어오되 나쁜 것은 절대로 끌어오지 마세요.

긍정적인 가족 신화는 부모와 가족의 좋은 점을 아이와 연결시켜주는 거예요. 사람에게는 다 다양한 면이 있습니다. 할머니에게는 이런 면, 할아버지에게는 이런 면, 엄마에게는 이런 면, 아빠에게는 이런 면, 다 좋은 점이 있거든요.

아이 존재 그대로를 존중하는 것

"넌 아빠 닮아서 성실해. 넌 엄마 닮아서 손재주가 좋아. 너는 할머니 닮아서 목소리가 좋아. 넌 할아버지 닮아서 글을 잘 써."

저는 이걸 정말 열심히 활용했어요. 아이에게 "넌 친할아버지 닮아서 부지런하고 친할머니 닮아서 센스가 좋고 외할머니 닮아서 너그럽고 외할아버지 닮아서 아주 총명해" 이런 이야기를 아이에게 계속 해주었어요.

튼튼한 자기 뿌리를 인식하니 얼마나 좋겠어요. 그리고 실제로 아이들이 무척 흥미로워해요. 또 그러면서 묻죠. "할아버지는 그랬어? 이모는 어땠어? 아빠 어렸을 때도 그랬어? 내가 글씨 잘 쓰는 것도 할아버지 닮은 거야?" 이렇게 자기 뿌리를 인식하고 애정을 가져요. 여기서 뻗어 나온 자긍심이 아이를 이끄는 거예요.

우리 아이는 아이의 친가, 외가 두 집안의 분위기가 많이 다른데 각각의 분위기를 다 흥미롭게 생각하고 좋아해요. 사업하는 친가 영향을 받아 나는 추진력이 있고, 외가를 닮아 남을 배려하고 이타적인 면이 자신에게 있다고 말해요. 그리고 자기 안의 그 면들을 발견할 때마다 긍정적으로 인식하고 더 부각시키려고 하죠.

어느 날은 아이가 어떤 문제를 해결하러 나가는데 "오늘은 이씨네 방법을 쓸까? 문씨네 방법을 쓸까?" 이러면서 웃으면서 가더라고요. 친가, 외가 양쪽 집안의 다른 문화와 다른 해결 방식은 자녀에게 풍부한 자원이 됩니다. 상황에 따라 적절한 문제해결방식을 선택한다면 아이의 능력은 더 커지게 됩니다.

이건 정말 많은 부모들이 아이에게 일상적으로 해주었으면 합니다. 강력한 효과를 발휘할 수 있거든요. 자신의 뿌리를 긍정적으로 받아들임으로써 자기 존재에 대한 당당함과 든든함을 느낄 수 있습니다.

아이 존재 그대로를 존중하는 것

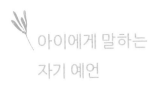

아이에게 말하는
자기 예언

탄생 신화나 가족 신화 모두 이야기를 통해 존재의 긍정성을 부여한 것입니다. 이것도 다 말을 포함하는 것이죠. 사람들은 말의 위력을 소홀하게 생각할 때가 많아요. 하지만 사소하게 내뱉는 말도 중요하게 생각해야 합니다. 심리학에서는 모든 사람을 자기 예언가라고 하는데, 말하는 대로 이루어진다는 거죠. 저는 상담할 때, 강의할 때, 사람들을 만날 때, 늘 말의 힘을 강조해요. 바라는 대로, 구체적으로 생각하는 바를 말에 담으라고요.

아이의 이름을 부모님이 지어주셨는데 이름을 풀어보면 "총명문장 풍운유광聰明文章 風雲有光"입니다.

"총명문장은 아주 학문에 총명하고 풍운유광은 바람과 구름이 가는 곳에 빛을 가져다주는 아이"라는 뜻을 담고 있어요. 그런데 정말 이름대로 되더라고요. 그 말의 뜻을 되새기며 아이에게 늘 빛이 난다는 생각이 들어요. 어렸을 때부터 아이가 친구들과 놀 때 웃음소리가 끊이지 않는 것을 볼 수 있었어요. 또 자신이 아는 것을 친구들과 함께 나누는 것을 좋아했는데 그것을 보면서 부모로서 느낀 것도 많습니다.

그래서 이름에 부여하는 의미도 중요합니다. 늘 아이의 이름 뜻을 들려주었는데 그런 자기 예언을 통해 선순환이 되었다고 생각해요. 자기 암시가 되면서 이게 '나의 본성이다'라고 마음에 심게 되는 것이죠.

그렇다고 긍정적 자기 예언을 하기 위해 허황된 바람이나 막연한 생각을 이야기하면 그건 힘이 없어요. 아이 존재에 기반한 사실이 있어야 합니다. 그만큼 아이에 대한 관심이 필요한 작업이기도 합니다.

사람들은 저마다 다른 기질을 타고나기 때문에 자녀가 자신과 같다고 생각하면 많은 갈등을 가져옵니다. 모든 사람이 자신과 같은 생각을 하지 않습니다. 아이도 그렇죠. 그러므로 대화를 통해, 경험을 통해 서로를 알아가야 합니다. 서로에 대해 아는 만큼 잘 지낼 수 있습니다. 아이마다의 기질도 다르기 때문에 아이의 기질과 성향이 어떤지 분명히 눈을 크게 뜨고 봐야 돼요. 그다음에 기질을 존중하면서 아이한테 긍정적인

아이 존재 그대로를 존중하는 것

것을 심어주어야 합니다.

이 아이는 파란색인데도, "아니야. 넌 빨간색일 거야. 넌 모르지만 빨간색이 있을 거야. 빨간색이 좋은 거야. 그러니 이렇게 해야 해" 그러면 이 아이는 타고난 본인의 기질이 있는데 뭔가 들어맞지를 않는 거죠. 사실과 관련된 긍정성을 부여해야지 무조건 "넌 잘할 거야" 하면 아이는 그 말이 부담스럽고 버겁습니다.

아이는 존재 그대로의 자기 모습을 사랑할 수 있어야 해요. 그래야 아이가 편안합니다. 이건 부모가 억지로 끌어올 수가 없어요. 아이가 편안한 가운데 일상 속에서 긍정의 말을 심어주세요.

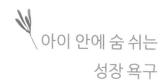
아이 안에 숨 쉬는
성장 욕구

아이가 독일에서 자랄 때 이야기를 해보려고 해요. 독일에서 아이가 다닌 초등학교는 조금 특별했습니다. 아이의 반이 어떤 반이었냐면 장애아동들이 함께 공부하는 반이었어요. 학교에서도 실험적으로 운영되는 곳으로 반에서 5명 정도가 아주 심한 뇌성마비를 앓고 있는 중증 장애아동들까지 포함된 반이었어요. 다양한 친구들과 어우러지면서 우리가 살아가는 모습을 보여주는 것이 아이에게도 의미가 있을 것 같아 그 반으로 아이를 보냈습니다.

이 반만은 특별하게 교장 선생님이 직접 수학을 가르쳤어요. 그런데 아이 이야기를 가만히 들어보니까, 교장 선생님이 수학을 가르쳐주고 시험을 보면, 시험에서 틀린 개수대로 아이들에게 상을 준다는 거예요. 그래서 무슨 얘기냐고 물었더니, 틀린 개수가 점수라서 점수에 따라 상을 받는다는 거죠. 0

점은 최고 점수이고, 1점이라면 한 개 틀린 거예요. "틀린 만큼 선생님이 사탕 줄게. 실망하지 마, 다음 번엔 잘할 수 있어" 그러면서 작은 사탕을 꺼내서 주신대요. 2개 틀린 아이한테는 2개를 주고, 틀린 개수가 가장 많은 아이한테는 정말 큰 알사탕을 주는 거예요. 그렇게 아이들에게 사탕을 다 주고는 선생님이 그런 얘기를 하셨대요.

"자, 0점 맞은 친구들. 잘했어. 사탕 못 받았다고 실망하면 안 돼."

그리고 선생님의 마지막 말씀도 잊히지 않아요.

"0점 맞은 친구들 정말 훌륭해! 그런데 너네들이 잘하는 것으로 끝나지 말고, 다른 친구들도 잘 도와주고 가르쳐주면서 실수한 친구들도 다 잘할 수 있게 해보자. 그렇게 우리 반전체가 잘하는 분위기 만들어보면 어떨까?"

이건 제가 바로 배워야 되겠더라고요. 그래서 그것을 우리 아이가 공부할 때 적용을 했죠. 시험을 보고 나서 틀린 개수마다 하나씩 사탕을 줬어요. 그때 우리 집 앞에 동화에서 나오는 것 같은 예쁜 캔디 가게가 있었어요. 그 캔디 가게에는 동물 모양 캔디도 있고 아이들이 좋아할 만한 캔디들이 가득했어요. 그래서 저는 아이와의 추억이라고 생각하고 틀릴 때마다 캔디를 하나씩 사줬어요. 그리고 "실망하지 마, 다음에는 잘할 수 있어. 그래도 이거 먹으니까 기분 좋잖아" 이렇게 말해줬어요. 그랬더니 아이가 틀려도 스트레스를 안 받는 것 같더라고요. 자연스럽게 우리 나름의 아주 재밌고, 생활 속의 규칙적 의식인 리추얼이 되었다고 생각했어요.

그런데 하루는 학교 끝나는 시간에 맞추어 아이를 데리러 갔는데 저 멀리서부터 아이가 체육 가방을 큰 원으로 휘휘 돌리며 저를 향해 신나게 뛰어오는 거예요. 무슨 일인가 싶어서 "왜 그래?" 물었더니, 아이가 다가와서 큰 목소리로 "엄마, 나 4개 틀렸어! 나 캔디 4개 사줘야 해!" 소리치더라고요. 그런데 그 순간에는 정말 만감이 교차했습니다. '아, 내가 늘 사탕을 사주니 마냥 좋은 줄 알고 이렇게 신나하는구나.' 속으로 끓어오르는 마음을 가라앉히면서 "그래, 알았어. 오늘은 사탕 4개 사줄게" 말해줬어요.

집으로 오면서 마음이 복잡했어요. '지금까지 이렇게 사탕

아이 존재 그대로를 존중하는 것

을 주었는데 앞으로 어떻게 아이에게 말해줘야 할까' 계속 갈등하면서요. 복잡한 생각이 가득했지만 겉으로는 아무렇지 않은 척했어요. 평소 같으면 종알종알 말하는데 돌아오는 차 안에서 아이가 조용하더라고요. 차 안에서 아이를 살필 겨를 없이 제 머릿속을 정리하느라 시간이 어떻게 갔는지 몰랐습니다. 그런데 집에 도착해서 내려서 차문을 열어주는 순간, 아이가 으앙 하고 폭발하듯, 눈물을 터트리는 거예요. 놀라서 "왜 그래?" 그랬더니 "엄마, 나 아무리 생각해도 너무 많이 틀린 거 같아" 하고 서럽게 울더라고요.

그 순간을 아직도 잊을 수가 없어요. 제 자신이 너무 부끄러웠고 아이에게 미안했어요. 아이도 다 알아요. 다 아는데 나는 아이를 바보 취급한 거예요. 사탕 먹으려고 신나게 틀려오는 아이로요. 생각이 거기까지밖에 닿지 않으니까 '이제 어떡해야 하지, 버릇을 어떻게 고쳐주지' 고민한 거잖아요. 그래서 "정말 괜찮아, 이거 틀릴 수도 있는 거니까 대신 엄마가 위로해줄게. 가서 맛있는 사탕 같이 고르자" 그러면서 정말 가까스로 아이를 달랬어요.

우리는 아이를 어른 잣대로 생각하는 실수를 해요. 하지만 아이는 어른 이상으로 아이 안에서 너무나 많은 성장에 대한 욕구와 지혜가 숨 쉬고 있어요. 어떻게 보면 손댈 데가 없어요. 아이는 어른 마음대로 이끌고 교정해줘야 되는 존재가 아닌 거예요. 그때 저는 아이 존재 그대로의 존중을 또 한 번 깨닫게 되었습니다.

믿음의 출발,
긍정 전환법

　우리 부모님은 일제 강점기에 태어나 한창 성장할 때 전쟁을 겪으신 분들이에요. 세상의 온갖 어지러움을 겪으신 그 고생은 차마 상상도 못하겠어요. 우리 부모님 각자에게 말로 다 표현할 수 없는 가족의 아픔도 있고요. 그런데 자라면서 본 어머니는 부정적인 것은 아예 입에 담지 않으시더라고요. 아마 어려운 상황에서 어머니가 버텨내신, 또 우리를 길러내신 힘이 아니었을까 싶어요.

　제가 부모님에게서 가장 많이 들어본 이야기는 "이래서 난 참 행복하다"였어요. 이상적인 이야기 같은데 저는 그 말을 늘 듣고 자랐거든요. 사실 들여다보면 참 궁핍한 때였는데도 행복하다고 하셨어요. "이만하면 이 세상에서 내가 제일 부자다" 이 말씀도 늘 하셨죠. '우리가 돈이 많고 풍족해서가 아니라 먹을 것 있고 사랑하는 가족이 곁에 있으니 그것이 부자다'라고 생각하셨던 것 같아요.

"나만큼 부자가 없다"라는 말을 정말 많이 들었는데 부모님은 우선 남들과 비교하지 않고 행복의 이유를 우리 자체에서 찾으셨어요.

저는 내담자하고 상담할 때도 긍정 전환법을 많이 씁니다. "잘될 겁니다"라는 말로 상담을 이끄는데요. 지금 당장 위로하기 위한 대응이 아니라 진짜 저한텐 그렇게 느껴져요. 인생의 큰 좌절과 낙담 속에 찾아온 사람을 봐도 "당신 잘될 수 있어요. 그리고 지금은 힘들게 느껴지지만 오히려 나중에 시간이 많이 지나간 다음에는 이 일에 대해서 아주 다르게 느낄 수 있는 긍정적인 의미가 있을 거예요" 하고요.

이런 적이 있었어요. 한 내담자에게 상담 내내 제가 거의 친정어머니 역할을 했어요. 그 내담자는 어려서 어머니가 돌아가셨고 친척한테 여기저기 맡겨지면서 자랐어요. 친척들도 냉담하게 대하고 학대도 빈번하게 있었고요. 굉장히 힘들게 성장했고 15살 때는 아예 독립해서 혼자 살았어요. 타고난 기질로 꿋꿋하게 삶을 헤쳐나가며 살다가도 어느 순간에는 가지고 있는 상처들이 올라오는 거예요. '내 곁에는 아무도 없다', '나는 혼자다' 이런 공포가 올라오면 '나는 혼자이기 때문에 못 해낼

　　　　　　　　　아이 존재 그대로를 존중하는 것

것이다'라는 생각에 휩싸이는 거죠. 하지만 누가 봐도 이 사람은 자기 몫을 해내며 잘 살아가는 모습을 보여주고 있었거든요. 포기하지 않고 공부하고 노력한 끝에 전문직을 갖고 있었고, 경제적 기반도 잘 닦여 있었고요. 그런데 이 사람은 늘 추워요. 이미 자기 몸에 그 추위가 배어 있어서 주위에 친구가 있어도, 사랑하는 연인이 있어도 어느 순간 불안과 공포로 덜덜 떨어요. 그때 우리가 여러 가지 시도도 하고 탐색을 했는데, 그 과정에서 제가 그랬어요.

"당신에게 내가 친정어머니가 되어주겠어요. 그냥 무조건적으로 당신을 믿어주는 사람이라고 생각해주세요."

심리학적으로 권하지는 않는 방법인데 이 내담자에게는 그게 필요하다고 판단했고, 그 역할을 해주었습니다.

"내가 친정어머니 역할을 하겠으니 당신은 앞으로 이 상담 기간 동안 안심하고 따라와주세요. 언젠가 상담이 종료될 텐데 나는 상담자로서는 끝나지만 친정어머니로서 항상 당신 머릿속에 있을 거예요. 내가 늘 했던 말처럼 당신은 잘할 수 있고, 너무 애쓰는 모습이 대견하기 때문에, 열심히 살면서 이런 마음으로 노력하면 하느님 눈에도 예뻐 보여서 정말 잘될 거예요."

이런 이야기를 계속 반복해서 해주었어요. 그리고 상담이 끝날 무렵 이런 다짐을 받았어요. '상담자로서 이제 상담은 끝나지만 친정어머니로서 난 당신과 항상 관계가 연결되어 있다. 어머니들은 자식이 잘됐을 때 기뻐하고, 잘되는 이야기를 듣고 싶어 한다. 그러니 살아가면서 소식을 나한테 전해달라'는 이야기를 마지막으로 했는데 정말 좋은 소식 있을 때마다 연락이 와요. 그때마다 제 마음이 얼마나 기쁜지 모릅니다.

상담 과정이 순탄하지는 않았어요. 시험은 여러 번 있었어요. '당신도 이러다 말겠지. 결국 나를 떠나겠지. 다 나를 떠났으니까' 하는 마음으로 상담자를 의심하고 불안해하는 과정도 있었지만 그럴 때는 저도 흔들리지 않고 자리하려고 했어요. "힘들군요. 아이고 또 불안이 올라왔네요" 이렇게 받아주었어요. 부모들이 그렇잖아요. 자녀가 짜증내고 힘들다 그럴 때 "너 왜 그래? 너 그럼 나가, 내 눈 앞에 안 보이게 사라져" 이렇게 말하지 않잖아요. 부모로서 그 자리를 지켜야 하니까요.

아이 존재 그대로를 존중하는 것

부모는 그저 자녀 옆자리에서 버텨주고 있는 존재니까요.

그런 긍정의 마음으로 지켜주고 싶었습니다. "우리 아이, 정말 잘될 거야" 우리가 살아가면서 마주하는 부모의 마음으로요. 이런 믿음은 살아가는 내내 편안한 힘이 됩니다.

어쩌면 긍정의 모습은 내가 이해받고 있다는 안정감입니다. 우리가 아이에게 해줄 것은 어떤 말을 해줘야 하는 것보다 아이에게 귀를 기울이는 것입니다.

"말해봐, 뭐가 그렇게 좋아? 왜 그렇게 재밌어? 오! 그런 것도 있네. 너무 멋있다"

우리는 아이 앞에서 "이렇게 와야 해" 하고 잡아당기는 것이 아니라 아이가 계속 이야기할 수 있게 해주고 열심히 듣고 맞장구쳐주는 것이 필요해요. 앞장서서 말하는 게 아니라 아이 뒤에 있는 거예요. 그래야 아이들은 스스로 생각하고 결정하고 후회도 합니다. 모든 것이 아이를 잘 따라가기만 하는 거예요. 결국 아이에 대한 피드백이 중요한 거죠. 내 마음을 알아주고 인정해준다는 것. 그게 존중이에요. 그 존중을 받고 나면 '그래, 이러고 말자' 이러지 않거든요. '그럼 다음에 어떻게 해야 할까' 궁리를 하는 거죠. 존중이라는 것은 사람의 마음 안에 있는 것을 그대로 인정해준다는 것이니까요.

우리 아버지는 사랑도 많으셨지만 원칙에 충실하셔서 엄한 면도 많았죠. 그래서 할아버지가 더 가깝게 느껴지기도 했어요. 할아버지는 모든 걸 품어주는 기분이었거든요. 아버지는 규칙이 많았어요. 근검절약해라, 학용품은 아껴 써라, 물건을 다 쓰지 않으면 절대 새로운 것은 사지 말아라, 늦잠 자면 안 된다, 약속을 잘 지켜야 한다, 절대 늦으면 안 된다, 이런 것들이 있었어요. 어떻게 보면 과할 정도로 강조하셨어요. 늘 우리에게 하는 말씀이 '목에 칼이 들어와도 정직해야 된다'였어요. 어린아이가 받아들이기에는 무시무시하기도 했는데 그만큼 규율이 강력했어요.

어렸을 때 아버지에게 크게 혼났던 기억이 있는데 고모네 가족이 놀러왔다가 떠났을 때 너무 아쉬워서 고모네 가는 버스를 몰래 뒤따라 탔거든요. 결국 들켜서 집으로 돌아왔는데 아버지가 너무 화가 나신 거죠. 아버지는 서예를 하는 게 낙이셨는데 오랜 시간 집중해서 서예를 하는 아버지 옆에서 무릎을

꿇고 앉아 있어야 했어요. 몇 시간이고 그렇게 혼나는 시간을 견뎌야 했는데 그 시간 속에서 상상을 하기도 하고 재밌는 생각을 하기도 하면서 시간이 어서 가기만 바랐어요. 그러다 한참 벌을 세우신 다음에 저를 흘깃 보고 "가봐" 그러세요.

그런 다음, 제가 잠들었을 때 방에 들어오셔서 밤에 잘 때 제 머리를 쓰다듬고 가셨어요. "아버지한테 야단맞아서 속상했지. 아이구 우리 딸" 이런 이야기를 해주시면서요. 제가 잠결에 들으면서도 그 시간이 큰 위로가 되었어요. '내가 속상한 거 다 알고 계시는구나. 그럼 괜찮다'라고요.

제가 대학 졸업 후 유학이라는 큰 꿈을 품게 되었는데 그중에서 독일은 제가 가장 공부하러 가고 싶었던 곳이었어요. 그 과정에서 부모님의 든든한 심적 지원이 있었고요. 독일로 떠나는 저에게 아버지가 서예를 해서 주신 글이 있어요.

고심중苦心中 상득열심지취常得悅心之趣
득의시得意時 갱생실의지비更生失意之悲

'고심하는 중에 마음을 기쁘게 하는 것을 얻게 되고, 일이 뜻대로 되고 있을 때 문득 실의의 슬픔이 생긴다'는 뜻을 가지

아이 존재 그대로를 존중하는 것

고 있어요. 항상 반대의 상황이 있다는 거죠. 그래서 저도 어려운 일이 있으면 이 문장을 떠올립니다. 그러면 당장은 실망하거나 스트레스를 받지만 오래가지 않아요. 나한테 더 큰 의미로 잘되려나, 지금이 아니어도 어느 순간에 풀리겠지, 하는 낙관적인 마음을 갖게 됩니다.

인생의 질곡은 반드시 있게 마련입니다. 그래서 저는 그래요. 예기치 않은 위기가 닥치면 대응하면 되고, 그에 맞게 수정하고 보완하면 된다고요. 그럼 삶을 대하는 게 좀 편해져요. 그래서 우리 아이에게도 늘 그렇게 이야기를 해요. 어떤 선택이든 어려움 없는 삶은 없으니 네가 선택해서 가는 길이 가장 좋은 길이라고요.

아이와의
관계 통장

아이와 좋은 관계를 맺기 위한 방법으로 관계 통장이라는 개념을 소개해보겠습니다. 관계 통장이라는 것은 두 사람이 만들어내는 공동의 통장이 하나 있는 거예요. 좋은 행동을 많이 하면 그만큼 입금이 많이 되는 거고, 관계를 해치는 행동을 하면 출금이 됩니다.

통장이 그득해지려면 좋은 행동들을 많이 해야 합니다. 절대 아끼지 마세요. 어떤 사람은 "굳이 표현해야 하나요? 쑥스러워요" 합니다. 그런데 표현은 정말 많이 해야 해요. 표현은 반드시 행동으로 나와야 하는 거예요. 돈 하나 들이지 않고 다 표현할 수 있어요. 그리고 아주 안 할 수는 없겠지만 가능하면 출금은 적게 하는 것이 좋아요.

상호 작용은 상호 호혜의 효과로 이어집니다. 내가 긍정적인 행동을 하면 긍정적인 행동이 되돌아옵니다. 그런데 '네가 기분 나쁘게 했으니 나도 너 기분 나쁘게 할 거야' 하면 관계는 부정적인 것으로만 이루어지죠.

그런데 늘 잘해주다가도 바쁠 때 아이가 와서 "이거 해줘, 저거 해줘" 하면 순간 감정이 올라오고 좋은 말이 안 나올 수 있거든요. 버럭 화를 냅니다. 그럼 출금이 된 거예요. 그렇다고 해서 죄책감에 빠져 있지 말고 "아까 아빠가 소리 쳐서 서운했지? 미안해. 아빠가 그래 놓고 마음이 안 좋아" 이렇게 아이 마음을 물어주는 거예요. 아예 안 좋은 행동을 안 할 수는 없으니 출금이 되면 그 일에 대해 아이에게 설명하거나 마음을 알아주는 과정이 필요합니다.

그리고 관계 통장의 빈도수를 기억해야 합니다. 연구 결과, 관계가 좋은 사람들은 좋은 행동과 나쁜 행동의 비율이 15 대 1이에요. 그리고 관계가 나쁜 사람들을 보면 좋은 행동과 나쁜 행동의 비율이 4 대 1이에요. 관계가 나쁜 경우에도 사람들은 좋은 행동을 나쁜 행동보다 4배나 더 많이 하고 있었어요. 그만큼 부정적인 행동이 갖고 있는 영향력이 크다는 것을 입증하는 결과였어요. 그래서 좋은 행동을 아주 많이 하려는 노력이 필요합니다. 자기가 스트레스 쌓인다고, 기분 안 좋다고 화를 내서는 안 됩니다.

그리고 관계 통장에서 특히 해로운 것이 있는데 부부 싸움이 그렇습니다. 부부 싸움에서 가장 큰 피해자는 아이입니다. 아이는 그 과정에서 아무런 잘못이 없어요. 하지만 엄청난 불안함을 느껴요. 그때는 솔직하게 아이에게 상황을 이야기하고 갈등을 해결하는 과정을 보여줘야 합니다.

"엄마 아빠가 이런 부분에서 서로 의견이 안 맞아서 다퉜어. 너도 친구들이랑 가끔 싸우지? 엄마 아빠도 그래서 언성이 높아지고 싸웠는데 서로 서운한 부분 이해하고 노력하기로 했어. 목소리 높이고 거친 말 한 건 엄마 아빠가 잘못한 거야."

반드시 이렇게 갈등이 극복되는 과정을 보여줘야 합니다. 아이는 부모에게서 갈등과 화해, 해결 과정, 이 모든 것을 배웁니다. 결과적으로 이 과정도 아이에게는 의미가 있습니다.

나쁜 행동을 보였다면, 이를 해결하거나 인정하는 모습을 보여주어야 하고, 되도록 아이에게 나쁜 행동은 하지 않는 것이 좋겠죠. 아이에게 하는 좋은 행동이 루틴처럼 이루어지면 크게 힘들이지 않고 선순환을 가져옵니다.

아이 존재 그대로를 존중하는 것

부모가 아이를 위해 해줄 수 있는 것은 아이가 다른 관점에서 생각하도록 시선을 전환해주고 마음을 환기해주는 것입니다. 아이들 스스로 중요하다는 것을 알고 움직이면 부모는 그저 바라봐주고 그 행동에 대한 고마움을 표현해주고 격려해주면 됩니다. 그것들이 쌓이면 부모와 아이에게는 더없이 든든한 관계 통장이 만들어진 것입니다.

"너는 그럴 힘이 있는 사람이야.
괜찮아, 지금 충분히 잘하고 있어."

"나는 네가 뭘 해도 좋아.
너 스스로 원하는 것을 찾아가는 거야.
그리고 내가 네 옆에 있을게.
이것은 너만의 이야기야."

PART 2

좌절과
실패 속에서

좌절과 실패, 갈등 상황을
절대 무서워하면 안 된다고 생각합니다.
제 삶에서 그랬고, 상담에서도 그랬고,
아이를 키우는 과정도 그랬어요.
이것은 아이가 부쩍 자랄 수 있는
굉장히 중요한 기회가 될 수 있어요.
실수하고 실패하고 좌절하는 것은
그 상황에서 멈춰 있으라는 것이 아니라
이것을 통해 잘 성장하라고 나온 기회이기 때문이에요.

함께
견뎌주는 것

　독일에서의 생활을 정리하고, 처음 한국에 왔을 때 참 힘들었던 기억이 납니다. 우리가 있었던 곳은 한국에서도 사교육과 경쟁이 극심한 지역이었어요. 일 때문에 그곳에 자리를 잡았는데 초기에는 잘못 온 것 아닌가 싶을 정도로 고생을 했어요. 독일에서 잘 생활하고 인정받으며 다니던 아이가 여러 가지로 낯선 환경에 있다 보니 적응이 쉽지 않았습니다. 아무래도 말과 글이 익숙하지 않으니 시험을 보면 너무 낮은 점수를 받고, 서툰 말에 친구도 없고 학교생활에 겉도는 느낌도 들고요.

　어느 날 아이가 듣는 테이프를 가만 살펴보니, 독일동화 오디오북이었는데 다 우울한 이야기만 듣더라고요. 그것을 보니 너무 마음이 아팠습니다. 늘 주위에 웃음을 몰고 다니던 아이였는데 한국에 와서는 아이가 점점 표정도 없어지고 말수도 줄었어요. 무언가를 해주고 싶었지만 제가 할 수 있는 것은 그저 옆에서 기다려주는 일이었어요. 그땐 제가 하던 일들을 잠시 멈추고 아무 일도 안 했어요. 지금은 정말 아이 옆에 있어줘야 하는 순간이라고 느꼈던 것 같아요.

아이가 학교는 가야 되니까 학교 갔다 오면, 말 그대로 둘이 손 꼭 붙잡고 정말 열심히 놀았어요. 학교에서 돌아온 아이를 지켜보면 힘들어 보이는 날도 있고 덜 힘들어 보이는 날도 있었는데 특별히 묻지 않고 함께 있었어요. 어느 날은 같이 사우나 가고 싶다고 해서 사우나에 가서 실컷 놀고, 자전거 타고 싶다고 해서 내내 동네를 돌았어요. 주변 엄마들이 왜 학원도 안 보내고 놀기만 하냐는 말을 많이 했는데 그냥 그런 것 생각하지 않고 놀았어요. 마트 가서 과일 고르고 연필 사고 그렇게 시간을 보냈습니다. 어쩌면 교육적 차원에서는 의미 없는 일들일 텐데 아이와 함께 "우리 노는 거야" 하면서 계속 시간을 보냈어요.

그리고 이때 또 아이와 함께 했던 게 일기 쓰기였습니다.

"너랑 나랑 지금 너무 힘드니까 한번 일기를 같이 써보자. 엄마와 네가 같이 쓰는 일기야. 어떤 일기냐면 한국에 와서 적응하는 이야기를 써볼 거야. 왜냐하면 이 힘든 시간이 지금은 영원할 것 같지만 나중에 지나가면 사라져. 결국 모든 것은 다 지나가거든. 그러니까 어쩌면 이 힘든 것도 추억이 될 수 있어. 그래서 학교 갔다 오면 학교에서 힘들었던 이야기를 해보고 한번 일기로 적어보자."

아이에게 이렇게 말하고 일기를 계속 썼어요. 그러면서 아이가 힘든 것을 참아내기만 한 것이 아니라 표현하고 해소할 수 있었던 것 같아요. 글을 쓰면서 객관화 과정이 자연스럽게 이루어져서 아이가 자신의 상황을 거리두기를 하며 바라볼 수 있고 감정도 정리가 되고요. 그렇게 힘든 마음을 글로 표현할 수 있었어요. 일기를 함께 쓰면서 아이에게 들려주었던 말도 있어요.

"너 정말 힘들 수 있어. 네가 잘못한 것도 아니고 네 탓도 아니야. 이거 견디는 게 보통 일이 아니야. 엄마는 네가 진짜 대단하다고 생각해."

그런데 어느 날 기막힌 반전이 일어났습니다. 한국에서는 예전처럼 공부로 주목받기는 힘들었어요. 그런데 아이가 놀이터에서 철봉 매달리기를 하면서 엄청난 히트를 쳤어요. 독일 아이들은 철봉에서 매달리기를 할 때 앞으로만 돌지 않고 뒤로 돌기도 해요. 아주 재밌게 철봉을 가지고 놀아요. 그런데 아이가 독일에서 하던 대로 철봉에 매달려서 뱅글뱅글 자유자재로 도니 동네 놀이터가 난리가 났어요. 여기저기서 "나 가르쳐줘" 하면서 아이들이 막 붙어요. 그때 아이 별명이 세탁기였어요. 마치 세탁기 돌아가는 것처럼 빙글빙글 돈다고요. 아이는 나름대로 돌파구를 마련해서 자기의 입지를 마련한 거죠. 철봉 잘하는 아이로 통하면서 친구를 사귀기 시작했어요. 지금은 내가 여기서 말도 잘 못하고 공부도 눈에 띄지 않으니까 어떻게 해야 할지 방법을 찾은 거죠. 잘 못하는 것보다 사소해도 잘하는 것을 찾아내서 부각시켰어요.

그런 건 제가 가르쳐줄 수 없죠. 아이들은 아이들만의 질서가 있고 그만의 세계가 있으니까요. 저는 그저 그 시간을 함께해주고 들어주고 같이 견뎌줬습니다. 부모가 "이거 이렇게 해야 해" 하는 것보다 아이가 방법을 가장 잘 아는 거죠. 어떻게하면 가장 지혜롭게 친구들한테 스며들 수 있을지 알아요. 아이가 영어와 독일어를 능통하게 잘했고 영국식 발음을 갖고 있었지만 바로 티내지 않더라고요. 친구들 문화에 맞춰서 조금 서툰 영어를 해야 자신이 잘 섞일 수 있다는 것을 알고 그대로 하더라고요.

그건 아이가 선택한 생존과 적응의 방식이어서 저는 저대로 감탄했어요. 부모가 대신 해줄 수 있는 게 아니라 스스로 자기의 세계에서 해나가야 되죠. 그저 부모는 옆에서 "그래, 잘하고 있어" 응원만 해주면 돼요. 아이에게는 믿어주는 내 편이 있다는 확신만 심어주는 거죠.

아이가 태어나고 자라고 성장을 거듭하면서 다양한 감정을 겪게 됩니다. 좌절도 있고 불안도 있습니다. 그때 제가 생각한 것이 있어요. 만약 아이가 불안해서 힘들어한다면 수십 번, 수백 번 같은 이야기를 해도 그 자리에서 이야기를 들어주겠다고요. 아이가 불안함을 마구 쏟아낼 때가 있습니다. "그렇게 힘들어? 너 기분이 그랬구나" 아이의 불안함을 버텨줄 수 있는 힘이 필요한 때죠. 아이가 표현을 다 하고 감정이 지나가면 스스로 자기 마음을 정리한 다음에 어떻게 해야 할지도 찾아내요. "엄마, 이제 괜찮아. 내일은 조금 더 잘 해볼래" 이렇게 이야기를 해요. 그런데 준비가 안 된 아이한테 "참아봐, 언제까지 그럴래? 할 수 있어" 하면서 감정을 억누르면 분출이 되지 않죠.

물론 아이가 힘든 것을 바라보면 부모도 힘들어요. 속상한 마음이 가득 차오르죠. 그래도 부모가 감정이 앞서가면 아이는 흔들려요. 아이에게는 "괜찮다"고 말해줄 수 있어야 해요. 그땐 '부모 되는 것이 이래서 내공이 필요하구나' 싶었습니다.

아이가 성장하면서 좋은 시간도 있지만 힘든 시간도 있습니다. 그럴 때 함께하고 버텨주는 것, 그것을 저는 아이에게 배웠습니다.

한국과 독일 사이에서

처음 한국 왔을 때 들었던 말이 저에게는 너무 충격이었는데, 교장 선생님이 "우리 학교 아이들은 순수합니다. 왜냐하면 다 단지 내 아이들입니다" 이런 이야기를 했거든요. 이 말을 듣고 한동안 무언가로 맞은 듯한 기분이 들었어요. '이렇게 사는 곳을 구분하는구나' 싶어서 마음이 착잡했어요.

그리고 한국에 와서는 당연히 학원을 보내야 하더라고요. 학원에서는 초등학생도 숙제가 어마어마했습니다. 공책을 안 가져간 일이 있었는데 아이가 벌로 20대를 맞아서 왔어요. 체벌은 그동안 경험하지 못했던 일이라 익숙해지는 것이 힘들었어요. 지금은 좀 달라졌을 것 같아요. 그런데 20년 전만 해도 그랬어요.

아이도 한국 와서 힘들었지만 저 역시 학교 보내고 학원 보내면서 마음이 좋지 않았어요. 특히 체벌이 많은 점이 제가 느낀 가장 큰 어려움이었던 것 같아요. 학교에서는 개인이 잘못하지 않아도 단체로 맞아야 하는 일이 있었고 그런 점들은 아이가 특히나 이해하지 못했죠. 그래도 아이는 한국에서 점점 적응하면서 말도 늘고 친구도 많아졌어요. 공부도 어느 순간 따라잡고 학생회장도 하더라고요. 이 팍팍한 환경에서도 잘 적응했구나 싶었는데 어느 날, 너무나 비장하게 우리 부부에게 독일에서 공부하고 싶다는 말을 했습니다.

"나 아무리 생각해도 독일에서 공부하고 싶어. 공부는 재미있는데 한국보다는 독일학교 분위기가 더 편하고 재미있게 공부할 수 있는 것 같아."

독일에서 10년 넘게 살았기 때문에 독일 친구들과도 계속 교류하고 있었고, 독일 교육 환경에 익숙했기 때문에 계속 한국과 독일 사이에서 고민했던 것 같아요. 나중에 들어보니 우리에게 말하기 전 1년 여를 매우 심각하게 고민하고 한 이야기더라고요. 놀란 마음을 누르고 "그래, 네가 정말 원하면 갈 수도 있지" 이야기했는데 사실 아이를 혼자 독일로 보낸다는 건 쉽지 않았어요. 정말 많이 알아보고 이야기하고 준비했어요.

그래도 될 수 있는 방향으로 찾아보려고 노력했어요. 독일에 유학 보낸 아이를 둔 부모를 찾아가서 상담도 받고 독일에서 다닐 수 있는 학교를 찾아가서 선생님들을 만나봤어요. 독일 학교의 여러 가지 시스템도 알아보고 다양한 방면으로 긴 시간 준비했던 것 같아요. 그리고 독일로 아이를 보냈습니다.

독일 고등학교 가서도 나름의 힘듦은 있었던 것 같아요. 처음에는 동양인이고 새로 적응하는 아이를 배척하려는 시도도 있었는데 아이가 휘말리지 않았던 것 같았습니다.

힘들지 않냐고 하니까 아이가 그러더라고요. "엄마, 내가 결정한 거니 괜찮아. 그리고 공부 재밌어. 나한테 딱 1년 반 정도 시간을 줘. 그럼 내가 따라갈 수 있어" 하고요. 그러더니 반 년 지나서 그 학교에서 가장 우수한 학생이 되었어요.

한번은 아이가 다니는 독일학교로 찾아갔더니 학교 아이들이 모두 나와서 저를 반기더라고요. 우리 아이가 환영받고 있기 때문에 저도 환영했겠죠. 그때 많이 안심하고 고마웠어요.

분명 한국에서의 생활도 아이에게 남긴 것이 있을 거예요. 아이는 한국에서도 '해볼 수 있을 만큼 해보자'고 마음먹었고 그 순간에는 나름의 최선을 다했던 것 같아요. 다만 돌이켜보면 아이가 한국에서 힘들어했던 것은 불필요한 경쟁에 감정이

소모되는 일이었어요. 독일에서는 서로 공부도 도와주고 토론
하고 함께 성장하는 분위기였는데 그것을 아이가 그리워하고
좋아했던 것 같아요. 그렇게 아이는 부모와 떨어져 독일에서
열여섯 홀로서기를 했습니다.

어느 날 독일에서 학교 다니는 딸에게 전화가 왔어요. 독일에서 잘 지내는 줄 알았는데 전화 속 목소리가 심상치 않아요. 한 번도 그런 적이 없었거든요. "엄마" 이 말 한마디에도 엄마의 직감으로 무슨 일이 있구나, 싶더라고요. 그래서 "왜 그래?" 그랬더니, 자기가 종교와 윤리학 시험을 봤는데 이 과목 공부를 정말 많이 했고 시험지가 모자라도록 많은 글을 썼다고 해요. 아는 것도 많고 배운 것도 많아서 3페이지를 완벽하게 써 내려갔는데 최하 점수가 나왔다는 거예요. 한 번도 받아보지 못한 점수를 받았는데 도무지 이유를 알 수가 없다고 하더라고요.

　아이가 패닉에 빠져서 어쩔 줄 몰라 했어요. 저 역시 어떤 상황인지 모르니까 우선 당황스러운 그 감정을 먼저 받아줬어요. "그러게. 왜 그랬을까. 괜찮아. 뭐가 문제인지 알아보자" 그러면서 아이 마음을 진정시키고 방법을 찾아보자 했는데 한국에서 독일을 찾아갈 수도 없고, 그 이유를 정확히 알 수 없는 거예요. 그렇지만 아이가 받은 충격을 어떻게 해소해줘야 할까, 저도 그 상황에 마음이 안 좋고 상황 파악도 잘 안 되었지만 아이의 감정을 그대로 받아들이는 데 집중했어요. 그래서 그 상황에 대해서 아이랑 많은 이야기를 했어요. 그리고 그 과정에서 정말 많은 것을 얻었어요.

시간이 좀 지나서 알고 봤더니, 아이가 자신이 아는 대로 많이 쓰긴 했지만 자기 논리가 아니라고 선생님은 판단한 것 같아요. 아는 것을 쏟아내기에 바빴다고 본 거죠. 나는 이만큼 많이 알고 있습니다, 위주로 정리를 했기 때문에 점수를 받지 못했다는 생각이 모아지면서 많이 깨달았어요.

'지식을 아는 그대로 복사해내는 것은 중요하지 않다. 아는 것을 나만의 논리로 만들고 나의 생각을 담는 것이 중요하다.'

이렇게 아이 스스로 해결책을 찾아내고 받아들이더라고요. 그것이 아이에게는 공부하는 데 있어서 굉장히 큰 전환점이자 동기 부여의 계기가 되었어요. 그 당시에는 끙끙 앓으면서 힘들었지만 결과적으로 어떻게 지식을 받아들이고 풀어가는가에 대한 답을 얻은 거예요. 고등학교 이후 대학교, 전문의 과정에서도 많은 도움이 되었다고 해요.

조금만 그 상황에서 나와서 천천히 되짚어보면 얻을 수 있는 것이 많아요. 이런 관계는 내담자, 또 내 아이와도 많이 이루어집니다. 내담자가 상담을 위해 저를 찾아올 때는 너무 많은 갈등과 문제 상황을 가지고 옵니다. 처음에는 그 감정들이 받아들이기 힘들 정도로 휘몰아치지만 천천히 그 상황들을 복기해보면 그 힘든 상황이 주는 의미가 있고 해결할 수 있는 실마리가 있거든요.

"처음에는 나에게 왜 이런 일이 생겼을까 너무 답답하고 원망스러웠어요. 제가 원한 것은 아니었지만 어쩔 수 없이 쉬어가는 동안 감정이 정리되고 다른 것들이 보이기 시작했어요."

어쩌면 위기가 기회가 될 수 있다는 말이 이런 것 같아요. 우리 삶에서 지금 가장 필요한 것이 이 부분이기에 돌아보라고, 이 상황이 가져오는 어려움은 결국 아이의 능력을 키우기 위한 과정일 수 있다고 보는 거죠. 그러면 우리는 '앞으로 어떻게 해야 할까'를 생각하면 돼요. 이것은 우리 아이, 아이의 삶이 더 멋지게 되기 위한 방향성을 찾는 프로젝트일 수 있다, 이렇게 생각해보는 겁니다.

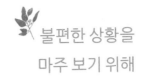

불편한 상황을
마주 보기 위해

저는 좌절과 실패, 갈등 상황을 절대 무서워하면 안 된다고 생각합니다. 제 삶에서 그랬고, 상담에서도 그랬고, 아이를 키우는 과정도 그랬어요. 이것은 아이가 부쩍 자랄 수 있는 굉장히 중요한 기회가 될 수 있어요. 실수하고 실패하고 좌절하는 것은 그 상황에 멈춰 있으라는 것이 아니라 이것을 통해 잘 성장하라고 나온 기회이기 때문이에요.

저는 음악을 전공하기 위해 공부했던 학생이었는데 그만 대학 입시에서 떨어지고 말았어요. 예체능의 경우에는 가는 길이 하나일 수밖에 없어서 다시 되돌아가는 것은 상상하기 힘들었어요. 많이 슬펐고 긴 시간 슬럼프를 겪었어요. 그러다 일반대학으로 진학했고, 심리학을 전공하게 되었어요. 심리학이 80년대 초반에는 보편화된 학문도 아니었고, 이 진로를 선택하면서 혼란스러운 과정을 거쳤어요. 그런데 저는 제 진로를 찾아가는 과정에서 한 인간으로서 엄청난 성장을 했던 것 같아요.

좌절과 실패는 이 과정을 잘 극복하면 성장할 수 있다는 신호와 같은 거예요. 적절하게 갈등 상황을 겪고, 그 안에서 고민하고 해결하면서 성장합니다. '친구랑 다퉜어요', '어느 날 억울하게 선생님한테 야단을 맞았어요' 이런 상황들 속에서 치열하게 고민하는 거예요. 그러면 아이는 자기 나름의 해결책을 만들어가요. 다만 부모는 반드시 그 옆에서 아이에게 정서적 힘을 불어넣어줘야 합니다.

아이가 어렸을 때 이런 경험이 있었어요. 그 당시 부모인 저로서는 큰 고민이 된 상황이었는데요. 금요일에 유치원 끝나고 돌아오는 길에 보니, 집에서 못 봤던 인형을 아이가 갖고 있는 거예요. 이 인형이 플레이모빌 시리즈 세트 중 하나였는데 집에 농부, 간호사, 의사, 소방관 이렇게 다 갖추고 있었는데 이 베이비 인형만 없었거든요. 그런데 유치원에서 베이비 인형이 있었던 거죠. 아이가 그것을 보고 너무 갖고 싶어서 유치원에서 슬쩍 가져온 거예요. 갖고 싶은 마음에 가져오긴 했는데 자기 마음에도 편치 않았는지 "나 이거 갖고 싶어서 유치원에서 가져왔어" 하더라고요.

사실 남편과 전 너무 놀랐죠.

"남의 물건은 절대로 가져오면 안 되고, 정 가지고 싶었으면 주말에 가지고 놀아도 되는지 미리 물어봤어야 해. 이건 중요한 문제고 어떻게 해결할 수 있을까?"

이렇게 물어보았어요. 스스로도 진짜 나쁜 행동인 거 알거든요. "그럼 이거 유치원에 도로 가져다 놓을게" 그래요.

"그런데 이거 그냥 쓱 갖다놓기만 해서는 안 돼. 네가 잘못한 거니 반드시 거기에 대한 너 나름대로의 사과나 반성의 표현이 있어야 돼."

그랬더니 그럼 미안한 마음을 담은 편지를 쓰겠다고 하더라고요. 그렇게 결정하고 나서 주말을 잘 보냈어요. 그런데 월요일 아침, 유치원에 가려고 준비를 하는데 아이 얼굴이 너무 어두운 거예요.

"엄마, 나 그런데 여기가 이상해" 그러면서 가슴 한쪽을 가리키더라고요. 순간 저는 아이가 매우 중요한 이야기를 하고

　　　　　　　　　　　　　좌절과 실패 속에서

있다는 것을 느꼈어요. 그래서 아이 손을 잡고 아이의 이야기에 귀를 기울였어요. "그래, 뭐가 이상해?" 물으니 "엄마, 나 선생님이 이거 왜 가져갔냐고 야단치실까 봐 걱정돼. 그 상황을 생각하니 무서워. 친구들이 놀리면 어떡해?" 하면서 가슴 한쪽을 계속 잡고 있어요. 아이는 복잡한 감정을 느끼고 그것을 표현했던 거죠. 저는 아이의 이야기를 들어주고 이렇게 말했어요.

"그래, 무서울 수 있어. 친구들도 그거 보고 나쁜 거라고 배웠는데 규칙 어겼다고 놀릴 수도 있고 그걸 들으면 네 마음이 안 좋을 것 같아. 그런데 생각해보면 넌 정직하게 이야기하는 거잖아. 용기내서 네 잘못을 인정하고 표현하는 거잖아. 그건 정말 잘하는 일이야. 그 용기에 너 스스로 뿌듯하고 자랑스러울 것 같아."

그렇게 한참을 이야기했더니 10분 정도 지났을까 "엄마, 나 이제 됐어. 이제 여기가 안 이상해" 그러더라고요.

아이가 느꼈던 복잡한 감정들이 바깥으로 표현이 되니 해소가 되었던 거죠. 아이 얼굴이 편안해 보여서 "그래. 용기 있게 이야기하는 거 너무 잘하는 거고 엄마가 힘낼 수 있게 뒤에 있어줄게" 했더니 씩씩하게 가더라고요. 그리고 그 상황을 잘 극복했어요. 사실 저 또한 그 상황을 지켜보면서 마음을 졸였기 때문에 그땐 한 단계 더 나아간 기분이었어요.

함께 어려운 상황을 직면해보는 것, 그리고 해결책을 찾아보는 것이 아이에게는 힘이 될 수 있겠구나, 생각이 들었습니다. 그때 만약 아이가 상처받는 것이 걱정되어, "그래, 이번에는 선생님 모르게 조용히 갖다놓고 다음에는 이렇게 하지 마"라고 했으면 아이에게는 곤란한 일은 요령으로 피해가라는 다른 가치관이 생겼을지도 모르겠습니다. 아이가 어렸지만 그래도 잘못한 일은 직면해서 해결해야 된다는 마음이 있었어요. 혹시 아이가 많이 혼나거나 불편한 감정을 느껴도 그것도 그 안에서 아이가 깨닫는 점이 있었을 것이라고 생각합니다.

좌절과 실패 속에서

갈등 상황이 있을 때 아이가 스스로 판단하고 느끼기 전에 부모가 먼저 개입하고 방향을 제시하는 것은 아이에게는 역효과가 날 수 있습니다. 이럴 때 적정선을 지키는 것이 중요한데, 아이가 필요로 하는 것을 넘어서면 그건 과한 개입이 될 수 있는 거죠. 고학년 되면서 고민이 더 커지는데요, 특히 또래관계에서 그 문제는 두드러지는 것 같아요. 아이가 미취학 정도일 때는 부모의 영향력이 통한다고 해도 점점 크면서는 아이들만의 세계가 공고해지거든요.

부모가 앞서 가면서 아이를 흩트리는 것도 봐요. 부모들은 더 갈등으로 가지 않게끔 아이를 빨리 그 상황에서 끄집어내려는 마음이 있어요. 아이를 괴롭히는 아이가 있으면 가서 뭐라고 해주고 싶고 상처받지 않게 해주고 싶고요. 그런데 아이들의 세계를 섣불리 건드리면 상황이 어려워지는 경우도 봅니다.

저 역시도 그런 경험이 있거든요. 우리 아이도 초등학교 고학년 때 학교에서 괴롭힘을 당한 적이 있어요. 핸드폰에 관련된 것이었는데 다른 아이를 비난하는 문자를 아이가 보냈다고 한 거였어요. 오해가 쌓여 모함이 되었고 다른 친구들도 얽힌 상황이 되었어요. 아이가 나 그렇게 하지 않았다고 얘기를 하는데 난 너를 믿을 수 없다고 하면서 굉장히 오랜 기간 아이를 괴롭혔어요. 그걸 지켜보면서 고민이 되는데 답은 없어요. 동시에 정답은 여러 가지일 수 있고. 또 그 여러 가지가 다 정답이 아닐 수도 있고요. 아이 이야기를 들으면 속상해서 "엄마가 어떻게 해줄까?" 하면 "엄마는 거기에 끼면 안 돼. 아빠도 절대 나서지마" 선을 긋더라고요.

그 아이는 계속 전화를 해서 괴롭히는 상황이었고, 또 우리 아이는 전화가 오면 끊거나 안 받으면서 피하는 상황이었습니다. 그런데 문자는 계속 오고요. 그렇게 꽤 오랜 시간이 지났는데 아이가 어느 순간, "엄마, 이것도 아니야. 내가 피하니까 계속 문자를 보내. 그래서 이 문제를 아예 돌파하는 게 낫겠어" 하면서 엄마가 도움이 되려면 그냥 자기 옆에만 있어 달라고 하더라고요. 그러면서 괴롭히는 아이에게 전화를 했어요. 그리고 아주 끝까지 그 문제를 잡고 이야기하더라고요.

좌절과 실패 속에서

"네가 하고 싶은 이야기 다 해봐. 네가 알고 있는 것, 생각하고 있는 것 먼저 다 이야기해봐."

이야기를 다 듣더니 이제 자기가 억울한 부분, 오해한 부분에 대해 이야기를 하고 끊었는데 의외로 그렇게 하고 나니 더 이상 상대 아이가 우리 아이를 괴롭히지 않더라고요. 물론 해결이 안 날 수도 있었어요. 정답은 없으니까요. 사실 이런 일들은 굉장히 민감한 문제이기도 해서 지금도 돌아보면 다른 방향으로 전개될 수도 있었겠다 싶어요. 만일 더 심각한 폭력으로 이어졌다면 부모의 개입도 필요합니다. 하지만 그 모든 상황을 함께하면서 옆에 있어주면 아이는 위급할 때 SOS를 보낼 것이고, 그게 부모가 할 수 있는 최선일 거라는 생각을 했어요.

그리고 아이가 그 문제를 정면돌파해서 해결했을 때는 힘껏 박수쳐줬어요. "너 멋있다" 하고요. 아이의 모습에 놀라기도 했고요. 이런 또래관계의 어려움을 돌파하는 것, 힘들거든요. 결국 자기가 감당해야 하는 상황과 문제들이라 그 과정을 지켜보기 위해서는 부모의 힘도 필요하겠죠. 그때 아이에게 이런 말을 들려주세요.

"엄마 아빠는 너와 항상 연결되어 있어. 네가 헤쳐가야 할 일을 대신해줄 수는 없지만 늘 네 옆에 있어."

부모가 해결하지 못하는 문제들을 어떻게 바라봐야 할까요? 아이가 성장하면서 스스로 관계를 경험하고 어려움을 극복하는 과정을 거쳐야 하는데 모든 과정을 부모가 커버하고 보호해주려고 하면 아이는 경험할 기회를 잃어버립니다. "모두 다 부모가 해줄게" 하면 아이는 경험하지 못하는 거니까요.

우리 어머니가 늘 하시는 말씀이 있습니다. 어머니가 감기에 걸리면 우리가 걱정을 합니다. 그러면 어머니가 "감기는 나으라고 걸리는 거야. 그럼 더 건강해진다" 하세요. 맞아요. 경험하고 그것을 통과하고 나면 더 좋은 것이 옵니다.

우리가 알고 있듯, 삶이 계속 순탄하지는 않아요. 매끄럽게만 이어지는 삶은 없거든요. 그렇다면 '또 다른 무언가가 나에게 주어지는 게 아닐까. 또 기회가 오지 않을까' 이런 마음을 가질 수 있었으면 합니다.

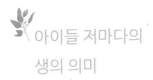

아이들 저마다의
생의 의미

같은 부모에게서 태어난 아이들이라도 성향이 다른 경우가 많아요. 똑똑한 아이, 느긋한 아이, 예민한 아이, 눈치 빠른 아이. 그것은 조물주의 신비겠죠. 좌절을 받아들이는 것도 마찬가지입니다. 그런데 부모로서는 그런 다름을 인정하기가 어려울 때가 많은 것 같아요.

아이의 선천적인 기질과 성향을 이해하는 것이 부모로서 필요한 역량이라고 생각합니다. 이것에는 좋고 나쁨, 옳고 그름이 없습니다. 아이에게 가장 좋은 것은 아이 기질을 그대로 인정하고 그 안에서 힘을 기를 수 있게 하는 것입니다. 억지로 이것을 바꾸려고 할 때나 인정하지 못할 때 갈등이 생기는 것을 많이 봅니다.

아이들은 저마다 태어날 때부터 가지고 온, 이 세상에 필요한 재주가 있고, 생의 의미가 있거든요. 아이 여럿 중에 공부

성과가 뛰어난 아이도 있고, 공부는 좀 부족해도 성격은 아주 원만한 아이가 있어요. 기대에 못 따라줘서 실망하기보다는 이 아이는 이번 생은 이렇게 느긋하게 살려고 태어났나 보다 인정하면 돼요.

어떤 부모가 아이 셋을 두었어요. 이미 두 명의 아이가 있었는데 두 명 다 너무 뛰어나게 똑똑한 아이였거든요. 그러고 나서 터울이 길게 진 막내아이를 낳은 거예요. 이 부모는 아이들은 다 원래 그렇게 똑똑한 줄 알았대요. "어떻게 그렇게 똑똑한 애들을 낳았어요?" 하는 질문을 받으면서 항상 주위 사람들에게 부러움의 대상이었거든요. 그런데 막내는 좀 다른 거예요.

당연히 이즈음에는 아이가 이 정도를 해야 되는데 무언가 이상한 거죠. 아이는 별 관심도 없고 부모가 뭘 가르쳐보려고 해도 도통 안 따라와요. 게다가 아이가 아프면서 발달도 더디게 되었어요. 그런 과정을 거치다 보니, 자연스레 학업도 관심이 없고 상급학교를 진학할 때마다 겨우 올라갈 정도로 힘들었죠. 그런데 이렇게 생각한 거예요. '아이 특성을 그대로 받아들이자'라고요. 아이는 공부가 뛰어나진 않아도 주위 사람들을 환하게 만드는 재주가 있어요. 다시 생각해보니 부모 입장에서는 이 아이는 복덩이인 거예요. 사람들이 잘난 두 아이를 생각하면서 시기 아닌 시기를 하는 느낌도 많았는데 막내를 보면서는 여유롭게 자기들을 대한다는 거예요. 그리고 자신들도 다른 사람들의 마음을 읽을 줄 아는 아량을 배웠다고 해요. 아이 학교 가서 칭송만 받다가 다른 눈길도 받아보니 세상 보는 시선이 달라졌다고 해요.

그리고 아이를 보면 행복하대요. 아이가 항상 즐거움을 찾고 웃음이 끊이지 않아서요. 아이는 훗날 기술을 가진 청년이 되었는데 세상에서 제몫을 다하며 자기 역할을 해나가는 아이를 보면서 너무나 뿌듯해했습니다. 아이가 있는 힘껏 준비해서 자격증을 따고 취업을 했을 때 세상을 다 얻은 듯 기뻤다고 하더라고요.

막내를 통해 자신들은 중년 이후에 삶이 달라졌다고 했습니다. 두 아이처럼 주목받으며 앞서가는 삶도 있지만 자기 나름의 소박한 꽃을 피우는 아이를 보며 세상 사는 아름다움을 발견했다고 해요. 큰 성취에만 익숙하다가 작은 성취에도 매우 감사하게 되는 삶을 산 것이죠.

삶에는 다양한 것들이 있고, 그것을 깊이 느끼게 되니 삶이 달리 보인다는 말을 들으며 그것이 인생이라는 생각이 들었습니다.

행복은 극적이지 않아요. 익사이팅하고 드라마틱한 것이 행복이 아니에요. 행복은 생각보다 밋밋하거든요. 가족이 같이 밥 먹을 수 있는 것, 함께 좋은 공기 마시며 산책하는 것, 예상치 못하게 가족이 나를 데리러 오거나 맛있는 밥을 차려준 것, "수고했어" 말하며 내 어깨를 토닥이는 것, 그런 것들이 행복이에요.

아이와 함께 느끼는 행복도 그래요. 잠 깨어 눈 뜨면서 아이가 환하게 웃어주는 것, 만나면 안아주거나 볼 부비며 서로의 체온을 나누는 것, 사소하지만 어느 날 아이가 못하던 것을 할 수 있게 되는 것. 대단한 시험에 통과하고, 승진하고, 돈을 많이 벌고, 이런 극적인 결과만을 행복이라고 생각하면 오히려 삶이 각박해집니다.

행복은 지속적인 상태가 아니라 그 순간 순간의 느낌이에요. 소소한 것들의 만족이 많을수록 삶이 풍성해지고 우리 곁에 행복이 가까이 다가옵니다. 절대 멀리 있지 않아요. 인생의 굴곡 앞에서 그렇게 생각해보았으면 좋겠습니다. 굴곡 이면의 양지, 또 그 훗날의 행복을 찾아보겠다고요.

좌절과 실패 속에서

지금 이 순간의
깨달음

부모들도 머리로는 알고 있어요. 실망하지 마라. 여유를 가져야 한다. 실패에 관대해져라. 그런데 부모 얼굴을 보면 이미 부모가 낙담 그 자체예요. 본인은 낙담하고 우울해하면서 "낙담하지 마, 우울해하지 마" 그럼 통하지가 않죠. '나는 불가능하지만 넌 한번 해봐' 그건 아이에게 통하지 않거든요. '엄마 아빠도 안 되면서 어떻게 나한테는 안 그러길 바라지?' 이렇게 되는 거죠.

저에게 귀한 깨달음을 준 내담자가 있어요. 아이가 오랫동안 준비해온 것이 좌절된 순간에 어머니가 상담을 하러 왔어요. 그냥 앉아만 있어도 눈물이 막 쏟아지는 상황이었습니다. 지난 시간들이 너무 허망하고 아까운 거죠. 들어보니 아이가 흘린 땀과 노력의 시간이 매우 길었어요. 그런데도 한순간에 기회가 좌절되면서 아이도 인생의 방향을 잃은 상태가 됐거든요. 그런데 어머니가 이런 생각이 들었다고 해요. '내가 여기서 울고 낙담하는 모습을 보이면 우리 아이에게 얼마나 큰 해가 될지 모른다.' 그래서 아이한테는 있는 힘을 다해 괜찮은 척을 하면서 상담을 왔어요. 그리고 꽤 오랜 시간, 상담에 열심히 임해주었어요.

저는 상담을 온 그 순간에 내담자에게 마음껏 울라고 말했어요. 여기는 편안하게 감정을 털어놓을 수 있는 곳이라 하면서요.

"왜 이게 안 되었을까요? 우리 아이가 얼마나 노력했는데요. 하고 싶은 것, 남들 다 하는 것 다 참아내며 고생했던 시간들이 너무 허무해요. 방 한구석에서 흐느끼던 아이의 뒷모습이 잊히지 않아요. 부모로서 해줄 수 있는 게 없다는 것이 이렇게 마음 아픈지 몰랐어요."

그렇게 자기 감정을 다 드러내놓았어요. 그리고 감정을 쏟아낸 다음에 찬찬히 다음을 들여다볼 수 있는 시간을 가졌어요.

'아, 분명히 이건 아이가 이 시련을 극복해 나갈 수 있고, 다

좌절과 실패 속에서

른 길이 열릴 수 있다. 이번에 안 되었지만 이것을 발판 삼아 좋은 길이 생길 거다.'

이렇게 천천히 자기 성찰이 된 거예요. 그러면서 자기 감정에서 자유로워지고 여유를 갖게 되더니 안정된 생활을 찾아가기 시작하더라고요. 그러면서 변화를 해나가는 시점에 아이의 일도 다른 형태로 잘 풀렸어요. 본인 의지로 되지 않는 문제들은 어쨌든 감정을 편안하게 만들 필요가 있다는 생각이 듭니다.

갈등과 시련 속에서 아이가 훅 성장합니다. 매일의 그 상황에서는 몰라요. 그러나 한껏 움츠러들다가 위로 풀쩍 뛰어올라 성큼 도약이 되는 거예요. 아이가 지금 이 순간 마음대로, 생각한 대로 안 된다고 해서 크게 슬퍼할 일이 아니라고 말하고 싶어요.

삶이 어떻게 펼쳐질지는 정말 아무도 모르는 일이거든요. 옛어른들이 그러잖아요. "인생 길다" 정말 맞아요. 우리 인생을 지금 현재 상태로 판단할 수는 없는 거예요.

인생이 다 마음대로 되는 것은 아니죠. 아무리 있는 힘껏 최선을 다해도 잘되지 않을 수도 있어요. 이런 일들이 찾아왔을

때 '왜 나에게만', '나는 왜 이렇게 운이 없지'가 아니라 '그럴 수
도 있다' 하고 바라보면 이 순간이 깨달음을 가져다줍니다. 죽
을 듯한 고통 속에서도 그게 끝이 아니란 희망이 생기죠. 특별
한 상황에서만 그러는 게 아니라 일상 속에 긍정하는 연습이
필요합니다. 매일매일 이어지는 나에 대한 지지가 결정적인 순
간에 위력을 발휘합니다.

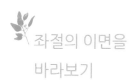

좌절의 이면을 바라보기

아이의 성장 과정을 떠올려보세요. 열 달을 아주 소중하게 품고 있다가 세상에 태어난 아이를 기쁨 그 자체로 바라봅니다. 처음으로 눈을 마주치며 "엄마 아빠" 부르던 순간을 잊지 못합니다. 첫 걸음마 할 때 큰 감동을 받죠. 한 발 한 발 걸음마를 떼고 넘어지지 않을까 부모가 옆에서 지켜봅니다. 한 번 넘어지면 그것을 디딤대로 그다음은 더 잘 걷습니다. 부모는 그저 걸을 때 "잘했다" 박수 쳐주고 넘어질 때 손 내밀어주는 것이죠. 아이가 걸을 때 부모가 대신 걸어주진 않습니다. 넘어져도 그만, 다시 일어서면 더 큰 박수를 칩니다. 사람의 성장은 그렇게 과정을 거칩니다.

인간이 태어나 모든 것을 능숙하게 하고, 짠 하고 결과를 내놓진 않습니다. 다른 아이, 다른 집과의 비교가 아닌 우리 아이의 성장에만 눈을 맞추면 결과가 아니라 과정이 가지는 가치와 즐거움을 알게 됩니다.

때로는 아이가 부정적인 상황에 휩싸입니다. 이때 부모에게 필요한 것은 아이에게 드리워진 낙인을 걷어내고 아이가 다른 관점에서 생각하도록 도움을 주는 것입니다. 부정적인 낙인 효과는 예언처럼 그대로 움직이게 하는 힘이 있습니다. 긍정적인 자기 예언과 마찬가지입니다.

말은 전염성이 강해서 말이 입 밖으로 나오면 그게 현실이 되기도 합니다. "에잇, 맨날 저 모양이야", "쟤는 누구 닮아서 저래", "남자가 왜 이렇게 소심해", "남들 보기 창피해서 어떡해" 좋은 상황에서 부모가 하는 칭찬의 말보다, 아이가 힘들 때, 어려운 길을 가고 있을 때 부모가 들려준 말은 더욱 힘이 됩니다.

"이게 끝이 아니야, 오늘의 결과가 이렇다고 해도 그 결과가 너를 말하는 것은 아니야. 네가 노력한 것은 절대 없어지지 않아."

"엄마 아빠는 믿어. 네가 지금까지 한 것들, 우리가 다 보았어. 분명 그 힘은 꼭 너에게 되돌아와."

"경험해본 사람과 아닌 사람은 분명 달라. 겉으로는 모르겠지만 분명 네 안에는 다른 것이 있어. 어떤 기회가 다시 오면 그것을 받아들이는 힘이 다르단다."

아니면 짧게라도 "엄마 아빠가 언제나 네 옆에 있어" 이 말
로도 충분합니다.

이런 모든 것들이 아이 삶의 인정과 긍정에서 출발합니다.
속으로는 불안하고 걱정하면서 "괜찮아, 괜찮아. 다 잘될 거
야" 하는 것이 쉽지 않죠. 좌절과 위기 상황에서는 다른 말 없
이도 그저 옆에 있어주는 버팀목으로도 부모의 역할은 다하는
것입니다.

이런 상황에서 아이에게 구체적으로 해줄 수 있는 방법이
있습니다. 같은 상황이더라도 관점은 달라질 수 있거든요. 지
금은 비록 바라는 것이 이루어지지 않았지만 이게 끝이 아니
라는 것을 알려주기 위해 또 다른 방법이 있음을 알려줍니다.
'대안을 제시'하면서 안정감을 주는 거죠. 그리고 '이 상황의
의미'에 대해 환기해줍니다. 그 상황에 담긴 긍정성을 찾아보는
겁니다. 이 두 가지 방법만 기억해도 아이는 상황을 좀 더 편안
하게 받아들일 수 있습니다.

우리에게는 너무나 소중한 존재가 곁에 있습니다. 잘 자란
자녀를 한순간에 잃은 어머니의 절규를 잊을 수가 없습니다.

상담에 와서 아이 이름만 수없이 말하며 "한 번만, 단 한 번이라도 안아보았으면" 읊조리던 그 음색은 제 가슴에 깊이 남아 있습니다.

　그저 옆에만 있어도 감사한 존재가 내 아이입니다. 좌절과 실패로 이 순간 힘들지라도 아이는 결국 더 크고 단단한 모습으로 다시 일어섭니다.

좌절과 실패 속에서

" 엄마 아빠는 너와 항상 연결되어 있어.
네가 헤쳐가야 할 일을 대신해줄 수는
없지만 늘 네 옆에 있어."

"네가 지금까지 한 것들,
우리가 다 보았어.
분명 그 힘은 꼭 너에게 되돌아와."

PART 3

우리만의 리추얼,
감정의 연결

아이는 촉감을 통해, 스킨십을 통해, 부모의 말을 통해
부모의 사랑을 확인합니다. 표현을 많이 해줘야
아이는 알 수 있어요. 우리 아이는 자랄 때
"참 편안해 보인다"는 이야기를 많이 들었어요.
정서적으로 편안하다는 것은 아이가 감정을 스스로 인식하고
처리할 수 있는 힘이 있었던 것이라 생각해요.
말로, 시선으로, 스킨십으로 감정을 잘 다루어주세요.
우리만의 대화를 이끌어주세요.

감정을 잘 다루기 위해서는 어떻게 해야 할까요? 그 방법 중 하나는 옳다고 믿는 생각에서 자유로워지는 것입니다. 우리가 믿어 의심치 않는 감정을 다른 각도에서 이해해봐야 합니다. 슬픔이나 분노, 외로움 등의 감정을 다른 각도에서 바라봅니다. 슬픔은 불안의 다른 이름일 수 있습니다. 때로는 슬픔이 아니라 그리움일 수 있습니다. 화 역시 그렇습니다. 화가 날 때 그 감정을 억누르거나 다른 사람에게 표출해야 하는 것이 아닙니다. 화가 날 때는 그 감정을 잘 보살피고 왜 그런지 세밀하게 바라보면서 무엇 때문에 감정이 격해졌는지 이해할 필요가 있습니다.

그렇다면 구체적으로 부모는 아이의 감정을 어떻게 대해야 할까요? 아이가 화가 나거나 불안하거나 슬퍼하거나 갈등 상황에 놓여 있을 때 우리는 갈등 사이에 느끼는 아이의 감정들을 섬세하게 하나하나 수면 위로 드러나게 해놓고 읽어주고, 이야기해주어야 합니다. 그렇게 아이가 감정을 표현할 수 있으면 감정을 처리하는 것이 훨씬 명쾌해져요.

가령 아이와 이렇게 대화합니다.

"나는 걔가 이렇게 말할 줄 몰랐는데, 나한테 와서 그러는 거야."

"그때 네 기분이 어땠는데?"

"뭐랄까. 그 순간에는 머리가 어지럽고 마음이 이상했어."

이런 과정을 거칩니다. 갈등이 있을 때, 친구하고 싸웠을 때 다 마찬가지예요. 아이들 마음속에는 복잡한 것들이 서로 얽혀 있습니다. 속상하기도 하고, 화도 나도, 억울하기도 합니다.

그것을 뭉쳐서 덮어놓지 말고 하나하나 꺼내보는 겁니다. 그 감정이 어떤 건지 잘 표현하지 못하면 저는 감정카드를 사용할 것을 추천합니다.

그래서 지금 아이가 느끼는 감정이 무엇일까? 한참 동안 많은 감정카드 속에서 정확한 감정을 찾아봅니다. "그래, 이 감정이구나, 또 어떤 마음이 들었는데?" 또 카드를 찾아보는 거예요. 이렇게 카드를 여러 장 쫙 펼쳐놓고 "이중에서 너를 가장 힘들게 하고, 가장 부피가 큰 게 무얼까?" 이렇게 구체적인 대화를 만들어갑니다. 자신의 감정이 무엇인지, 정확한 감정을 읽고 나면 아이가 한결 가벼워져 있어요. 아이들에게는 모호하고 이상했던, 설명하기 힘든 감정들이 서서히 이것이 무엇인지 정립이 되는 거죠. 그러면서 내용이 정리가 되면서 어떻게 해결할지 그림이 그려집니다.

우리는 부정적인 감정을 그냥 덮고 가려는 경향이 있어요. 아이의 슬픔, 불안, 화, 외로움, 분노, 이런 것들을 보는 것을 두려워해요.

"그럴 필요 없는 거야. 슬퍼하지 마. 엄마 아빠 다 있는 데 슬플 일이 뭐 있어?"

"이거 아무 일도 아니야. 그러니까 신경쓰지 말고 너는 너 할 일만 열심히 해."

그런데 아무 일이 아닌 게 아니거든요. 아이는 너무 슬퍼요. 그 감정에 가슴이 답답하고 불편해요. 그럼 그 감정에 직면해서 표현하게 해줘야 하는 거예요. 여기서 부모들은 빨리 해결책을 찾고 싶어 합니다. 그런데 너무 빠른 해결책은 그냥 억지로 쥐어짜는 것입니다. 해결책은 감정 이후로 미뤄놓고 더 많은 감정을 탐색해보는 거예요. 그 과정을 충분히 거쳐야 좋은 해결책이 나옵니다. 감정에는 옳고 그름이 있는 게 아니라, 다양한 색깔로 존재하는 거예요. 다양한 감정을 겪는 것은 삶을 살아가면서 자연스러운 상황일 뿐입니다. 부정적인 감정은 우리에게 압박을 줘요. 거기서 벗어나고 싶은 마음도 들어요. 빨리 털어내고 싶어요. 그런데 "괜찮아, 그거 생각하지 마" 이러면 그 감정이 더 깊어지거든요.

가장 빨리 그 감정을 잠재울 수 있는 건 "화가 많이 났구나", "너, 지금 많이 슬프구나", "진짜 배신감 많이 들겠다", "그건 진짜 억울해" 그렇게 인정해주는 거예요. 그럼 그 감정이 잠잠해져요. 감정이 쌓여 우는 아이에게 "울지 마" 하는 게 아니라 "엄마 앞에서는 실컷 울어도 돼. 엄마가 안아줄 테니까 엄마 품에서 편안하게 울어" 해줍니다.

그 감정을 절대 억압하지 말고, 인정하고 표현하는 과정이 필요합니다. "어휴, 그건 너무 속상해서 눈물이 날 만해" 그러면 그 순간에는 내 감정이 당당해집니다.

기질도 마찬가지예요. 다양한 기질과 성향이 있을 뿐이에요. 그냥 인정해주세요. 외향적이거나 내향적이거나 표현하는 방법이 다르고 분출하거나 그것을 해소하는 방법이 다 다른 거예요. 친구가 없는 아이는 그 나름의 사회생활 방식을 익힙니다. 자기의 방식으로 친구를 사귀는 방법을 알아가요. 친구가 많아도 좋고 적어도 좋습니다. 인생에 마음 맞는 단 한 명의 친구만 있어도 그 아이는 행복합니다. 관계를 주도하는 아이도 그 나름의 고충이 있어요. 아이가 불편함을 호소하면 그 상황에 맞는 방법을 찾아나가면 되는 거예요. 옳고 그르다고 재단하는 순간, 아이는 위축됩니다.

이처럼 아이 내면에서 올라오는 다양한 감정과 상황을 인정하는 것이 부모에게는 필요합니다. 그리고 어떻게 감정을 인정해줘야 할지 소통법을 찾아가는 것이 중요합니다.

감정과
스킨십

심리학에서는 인간 심리의 근본, 애착 관계를 빼놓을 수가
없는데요. 크게 볼비의 애착 이론과 할로우의 애착 이론이 있
습니다. 특히 할로우의 애착 이론은 스킨십에 대해 말하고 있
는데요. 유명한 실험인 원숭이 헝겊 실험을 예로 들어보겠습
니다. 촉감이 느껴지는 헝겊으로 된 원숭이 인형과 차가운 철
사 인형 중에서 아기 원숭이는 먹을 것이 있는 차가운 철사 인
형을 멀리 한 채, 헝겊 인형 품을 떠나지 않았죠. 포유류는 본
능적으로 따뜻한 촉감을 원합니다. 거기서 자신을 응시하고
안정감을 얻어 살아갈 힘을 얻습니다. 그래서 자녀와의 유대
관계를 형성할 때 아이를 수시로, 있는 힘껏, 많이 안아주라고
하는 이유가 거기에서 출발합니다.

그만큼 스킨십은 우리에게 본능적으로 중요한 요소입니
다. 스킨십이 부모 자녀 간에 중요한 이유를 몇 가지 정리해보

면, 부모의 품 자체가 체구가 작은 아이에 비해 훨씬 따뜻하거든요. 그 과정에서 심리적 안정감을 느끼는 거죠. 부모 역시도 그렇습니다. 아이를 안아주면서 따뜻한 체온을 나누며 안정감을 함께 느낍니다. 안아주면서 나누는 말도 스킨십과 어우러져 더 따뜻한 느낌을 주죠. "사랑해", "고마워", "소중해" 이런 말들의 전달이 훨씬 잘됩니다. 연구 결과에서도 아이가 자랄 때 부모와 스킨십을 많이 나누면 세로토닌이 풍부하게 형성되고 뉴런 세포가 활성화되면서 스트레스를 잘 이겨낼 수 있다고 합니다. 우리의 기억을 되짚어봐도 스킨십의 좋은 기억은 수십 년이 지나도 온기가 느껴집니다.

한 내담자의 이야기가 기억이 나는데요. 중학생 때 엄마가 돌아가셨다고 해요. 자라면서 여러 가지 어려움이 있었겠죠. 그런데 자기가 힘들고 엄마가 그리울 때마다 떠오르는 기억이 있대요. 여름날 엄마랑 시원하게 목욕한 다음에 거실에서 온 가족이 모시 이불을 펼치고 잠을 청했대요. 부채도 부쳐주고 선풍기도 자기 앞으로 돌려주면서 들리던 엄마의 나즈막한 목소리, 사각사각 이불의 개운한 감촉을 잊을 수가 없대요. 한여름에도 끈적이지 않고 포근하게 감싸던 손길, 엄마에게 폭 안기는 잠자리의 기억이 너무 행복해서 엄마를 떠올릴 때마다 그

우리만의 리추얼, 감정의 연결

감촉이 떠오른대요. 그 따뜻한 감촉이 자기를 감싸는 기분에 힘이 난다는 말을 했습니다.

저도 그렇거든요. 지금도 어머니를 뵈러 가면 가장 먼저 어머니 품에 폭 안겨요. 그 안정감이 너무 좋아요. 그 안정감으로 저는 또 힘차게 일을 하고 제 삶을 살아요. 저 역시 우리 아이를 볼 때마다 힘껏 안아줘요. 독일에서 유학생이자 워킹맘으로 지내면서 아이를 아침마다 떼어놓는 것이 마음 아플 때도 있었지만 헤어질 때는 정말 꼭 안아줬어요. 그리고 일 끝나고 볼 때면 다시 온 세상을 다 얻은 것처럼 안아줬어요. 그러면 아이는 깔깔깔 웃어요. 어쩌면 그 힘으로 우리는 연결되었는지 몰라요.

워킹맘들이 아이와 함께 있는 시간이 적어 안타까워할 때 저는 그렇게 이야기를 하죠. 하루에 한 번이라도, 예를 들어 잠자리에 들거나, 일어날 때, 또 아이가 유치원이나 학교에 갈 때 정말 따뜻하게 안아주고 시작하면 아이는 그 힘을 받아 하루를 충실하게 살아간다고요. 온몸으로 따뜻함을 공유하는 짧은 30초, 1분 촉감의 리추얼, 참 신기하게도 인간은 그런 촉감의 정서로 힘을 얻고, 삶을 이어갑니다.

아이는 촉감을 통해, 스킨십을 통해, 부모의 말을 통해 부모의 사랑을 확인합니다. 표현을 많이 해줘야 아이는 알 수 있어요. 부모의 사랑을 눈으로 가장 뚜렷하게 확인할 수 있는 방법이 스킨십이거든요. 단순하지만 강력한 방법이에요. 아끼지 말고 마음껏 안아주세요.

잠들기 전,
매일의 리추얼

제가 아이와 했던 스킨십 리추얼이 있어요. 몸의 스킨십이기도 하고, 말의 스킨십이기도 해요. 하루 중 어느 시간을 가장 신경 썼을까 되돌아보면 아이가 잠이 들 때였던 것 같습니다. 의식과 무의식이 연결되는 순간인 이때를 좋은 기억으로 만들어줘야겠다고 생각했습니다.

프로이트의 무의식 이론을 공부했고, 이것을 우리 아이하고 어떻게 활용하거나 연결할 수 있을까를 많이 고민했던 거죠. 아이가 잠드는 순간은 아이의 무의식 세계니까요. 그런데 부모인 내가 아이의 무의식 속에 함께하면서 편안하게 만든다면 이것만큼 좋은 게 없다고 생각했어요.

우리의 리추얼은 바로 잠들 때만큼은 우리 둘 다 아주 편안하게 이완되자는 거예요. 침대에 누워서 몸도 풀면서 아이가 아주 어렸을 때인 말이 트일 무렵부터 다양한 이야기를 나누었어요.

"엄마, 나 유치원에서 식판이 떨어져서 너무 놀랐어. 친구랑 인형 놀이를 했는데 그 인형이 너무 귀여웠어. 선생님이 숫자를 바르게 쓰라고 했는데 자꾸 옆으로 써져."

이런저런 이야기를 다 들어줘요. 어떨 땐 동화책도 읽고 제가 읽어준 동화책 이야기를 아이가 따라 들려주면서 서서히 하루를 마감하는 작업을 합니다.

"오늘 너무 수고했어. 내일은 또 어떤 일이 생길까? 우리 기대하면서 잠을 청해보자."

몸도 마음도 편안하게 쉴 수 있도록요. 아이마다 잠 드는 시간이 다르겠지만 우리 아이는 보통 30~40분 정도의 시간을 그렇게 보냈던 것 같아요.

어차피 낮 시간을 분주하게 보냈고, 잠 드는 시간까지 아낄 필요는 없다는 생각이 들어서 이 시간만큼은 집중했습니다.

아이가 갖고 있던 리추얼이 하나 더 있었는데 잘 때 매번 새

잠옷을 갈아입더라고요. 그래서 "어제 입어서 괜찮으니 오늘 더 입어도 돼" 하니까 아이가 잠옷의 빳빳한 느낌이 좋대요. 그 뽀송뽀송한 감촉에 편안함을 느끼는 것 같았어요. 그렇게 새 잠옷을 입고 제 옆에 누워 있으면 아웃 스트레칭이라는 이완 훈련을 함께 했어요. 몸도 편안한 상태가 되도록요. 이 스트레칭은 이렇게 진행돼요.

"자, 편안하게 누우면 몸에 힘이 다 풀어지는 거야. 어디를 먼저 시작할까? 발부터 하나씩 느껴보는 거야. 천천히 발에 느낌을 담아보자. 발이 점점 무거워지고 편안해져. 그래. 자, 이번에는 종아리 해보자. 천천히 느끼는 거야. 종아리가 점점 무거워지고 편안해져."

이완 훈련을 할 때 무릎 이상 올라온 적이 없어요. 이미 이 정도 해도 아이가 잠이 들었거든요. 그래서 항상 몸도 마음도 편안하게 이완시키는 작업을 하면서 아이를 같은 방법으로 재웠어요.

이런 잠자리 리추얼은 10살까지 매일 거르지 않고 했고, 15살 이후에는 아이가 유학을 가는 바람에 할 수 없었지만 그전까지는 쭉 했어요.

아이가 잠든 후에도 숨소리에 귀를 기울여요. 잠들면서도 어떨 때는 무서워하기도 하고, 움츠리기도 하는데, 그러면 굳이 깨우지 않고 그 상태에서 그대로 안아줬어요. 그리고 아이 귓가에 "괜찮아, 괜찮아" 얘기를 했어요. 그러면 아이가 꿈속에서 제 목소리를 듣는지 다시 몸이 이완이 돼요. 또 아이가 잠이 깰 때도 신경을 썼는데 충분히 스스로 일어날 수 있도록 기다려줬어요. 어떨 때는 아이가 더 자고 싶다며 일어나지 않았는데 그래도 기다려줬어요. "그래, 엄마도 더 잠들고 싶을 때가 있어" 하면서 아이가 일어날 수 있도록 시간을 주었어요. 그때도 하는 말이 있었어요.

"오늘은 또 어떤 신나는 일이 생길지 기대되는데? 얼마나 재미있게 지낼까?"

이렇게 하루를 여는 말을 하는 거죠. 아이가 짜증을 내도 그때 즉각적으로 반응하지 않고 기다려줬어요. 아이에게 시간이 필요하구나, 하고요.

우리 아이는 자랄 때 "참 편안해 보인다"는 이야기를 많이

우리만의 리추얼, 감정의 연결

들었어요. 정서적으로 편안할 수 있었던 건 아이가 감정을 스스로 인지하고 처리할 수 있는 힘이 있었기 때문인 것 같아요. 기질적인 영향도 있을 테지만 아이의 편안한 마음을 우선했던 것도 영향이 있었을 거라고 생각합니다.

아침 저녁을 함께 먹는 것도 리추얼이 될 수 있고 학교 갈 때 꼭 인사한다든지, 안아준다든지 가볍게 뽀뽀하는 것도 리추얼이 될 수 있습니다.

우리 가족이 가진 또 하나의 리추얼은 아이가 학교 다녀오면 온가족이 함께 숙제하는 거였어요. 학교 다녀와서 정리가 끝나면 아이의 숙제를 함께 들여다보고 관심을 가졌거든요. 아이가 먼저 숙제에 대해 이야기하면서 같이 의견도 모으고 아이디어를 냈어요. 또 아이의 아이디어에 흥미를 가지고 칭찬해주기도 하고요. 그러면 아이에게는 이 숙제가 혼자만의 작업이 아니라 가족과 소통하는 소재가 되는 거예요. 그래서 신나게 아이디어를 내고 엄마 아빠와 공유하는 것을 좋아했어요. 이렇게 숙제를 잘 준비하면 다음날 학교 갈 때 이미 신이 나 있어요. 선생님한테 보여주고 싶기도 하고 학교생활이 기대가 되거든요.

"감사를 표현하는 속담이 이렇게 많은지 몰랐어. 친구들도
이만큼 알고 있을까?"

자신감이 생겨서 이미 눈이 반짝반짝 해요. 그렇게 선순환
을 시킬 수 있도록 관심을 많이 기울였어요.

그리고 하루, 일주일, 한 달 단위의 우리만의 소소한 이벤트
들이 있었어요. 아주 단순해요. 놀이터 가는 것, 목욕탕 가는
것, 등산 가는 것, 그런 것들이었어요.

함께 했던 산책, 주말이면 꼭 같이 먹었던 음식, 그런 것들
이 쌓이면 나중에도 다 생각이 나거든요. 추억이 생각나면서
따뜻한 정서로 기억이 물드는 거예요. 봄 여름 가을 겨울, 계절
별로 하기도 하고, 크리스마스나 명절에도 그런 이벤트를 반복
해서 했어요.

저도 어렸을 때 가을이면 곱게 물든 홍시를 아버지가 발라
주시던 것, 새해면 가지런히 새 옷 해주시던 것, 크리스마스는
잊지 않고 기념했던 것, 그런 것들이 수십 년이 지나도 기억이
납니다. 사랑한다는 말이 담긴 작은 카드처럼 사소하고 작은

것들이에요. 그런 것들을 우리 아이에게도 주고 싶었어요.

그래서 크리스마스만큼은 특별하게 준비해주었습니다. 거창한 것이 아니어도 아이들은 기억하고 그날을 기다리거든요. 저도 어렸을 때 막상 당일의 기쁨이나 받게 되는 선물보다 그날을 기다리는 설렘이 좋았던 것 같아요. 마냥 한 달 전부터 들뜨고 기다려지는 거예요. 그래서 우리 아이에게도 크리스마스 날의 설렘을 주고 싶었어요. 작은 초콜릿처럼 소소한 선물들을 집 곳곳에 보물찾기처럼 숨겨놓았어요. 보물을 찾는 과정이 두근두근하는 거죠.

그런 것들이 모두 리추얼이 되는 거예요. 조금만 노력하면 가족이 행복하게 지낼 수 있는 것들이 너무 많아요.

한 내담자는 오남매 속에서 네 번째로 태어나 경쟁하듯 자랐는데, 무뚝뚝한 아버지가 명절마다 음식 준비하다가 예쁘게 깎은 알밤을 다른 가족 안 보이게 입에 쏙 넣어줬대요. 어떻게 보면 너무 사소하고 별것 아닌데 그게 너무 좋아서 알밤만 보면 아버지가 생각난다는 거예요. 명절에 아빠가 자기가 그 알밤 먹고 싶은 거 기억해준 것, 그렇게 사랑을 표현해준 것을 아는 거죠. 살면서 여러 일들이 있었지만 그 기억을 떠올리면 자기도 모르게 행복하다고 해요.

어쩌면 인간은 그런 것들로 인해 삶을 지탱해요. 그 사소함이 위대한 발자취를 남겨요. 우리는 그런 것들을 잊거나 소홀히 생각하는데 아이에게 이런 리추얼만큼은 주었으면 합니다. 아이는 반드시 기억하거든요.

정서적 연결성의 힘

얼마 전 아버지가 돌아가시고 우리 가족의 새로운 주말 리추얼이 생겼어요. 홀로 계신 어머니를 토요일에 찾아 뵈어서 맛있게 저녁을 먹고 편안하게 이야기를 나눕니다. 그리고 다음 날 아침이면 온 가족이 미사를 드리러 가요. 미사 드리고 돌아오는 길에 장을 한껏 보고, 산책하면서 하루를 보내요. 그렇게 저녁이면 돌아와요. 이 리추얼이 가진 특징이 연결감이에요. 부모님이 멀리 계신데 매일 찾아뵙지 못한다는 마음을 갖고 있으면 마음이 무거울 텐데 주말이면 볼 수 있으니까, 이런 마음으로 편안하게 한 주를 보내요.

저는 독일 유학 시절에 이 연결감을 가져갔어요. 매주 한 주를 정리하는 편지를 부모님께 썼거든요.

"엄마 아빠, 이번 주는 바쁘게 보냈어요. 이번에 들은 과목은 한국에서 배운 통계학을 활용할 수 있어서 좋았어요. 아직 독일어가 익숙하지 않아서 독일어 공부 시간을 많이 늘렸어요. 요즘 쓰는 레포트의 주제를 고민하고 있어요. 제가 다음 주에 목표하는 것은 조별 과제를 잘 마무리하는 거예요."

그런 식으로 매주 편지를 썼습니다. 그래서 부모님은 저를 저 먼 곳으로 유학 보냈다는 느낌보다 마치 옆에 있는 것처럼 느끼셨대요. 편지 하나로 연결되어 있는 거죠. 지구 반대편에 있지만 우린 연결되어 있다는 규칙성인 거예요.

리추얼의 규칙성은 이런 힘이 있어요. 연결이 되게끔 느껴지거든요. 이건 아이와의 유대 관계에도 마찬가지로 적용돼요. 크리스마스에 제가 꼭 하는 음식이 있는데 '포레주페Porre Suppe'라는 독일 수프입니다. 12월이면 우리 가족뿐만 아니라 다른 지인들도 초대해서 함께 먹어요. 그 경험을 하다 보니 지인들은 그 음식을 보면 제가 생각난다는 거예요. 크리스마스 때 어떤 음식할까 고민할 필요 없이 딱 그 음식만 해도 제가 연결되어 있는 것이죠.

이 연결성은 아이와 떨어져 있을 때 큰 효과를 냈어요. 서로 멀리 떨어져 있지만 우리가 했던 리추얼은 계속 했거든요. 아이의 숙제를 함께 토론하는 시간들은 우리에게는 일종의 놀이였어요. 아이가 고등학교 다닐 때도 그걸 같이 했어요. 전화로 이야기하고 이메일로 토론하면서요. 이미 학습적인 것은 아이가 엄마 아빠보다 나았을 텐데 그 과정에서 학습적인 도움보다 정서적인 지지를 받았을 거예요. 학교 갔다 오면서 "숙제 있어" 그러면 "야, 숙제 재밌겠다. 우리 한번 같이 아이디어 내보자. 엄마는 이렇게 해보고 싶어" 하면서 서로 격려해줬어요. 한국에서 넘치는 학원 숙제로 고생할 때도 그 과정은 짧게라도 꼭 함께했어요.

아이가 하루에 정해진 학원 숙제가 너무 많아서 초조해하고 스트레스를 받곤 했어요. "엄마, 나 학원 숙제 틀린 것처럼 시험 볼 때도 다 틀리면 어떡하지?"라고 걱정하길래 그 불안을 해소할 수 있게 이야기도 해주고요.

이 리추얼이 아이 사춘기 때 힘을 발휘합니다. 사춘기가 되면 관계만이 남는데 이 연결성이 아이가 부모를 찾아오게 해요. '어떻게 해야 되지? 아이한테 뭘 주어야 하지?' 혼란스러운 마음에 고민하는데 그냥 기다리셔도 돼요. 이전에 아이와의 관계를 잘 다져놓았고, 정서적으로 안정된 연결이 있다면 아이는 반드시 돌아와요. 멀리 보기를 당부하고 싶어요.

그리고 아이는 아이만의 힘을 갖고 있다는 것을 믿어야 돼요. 그 믿음이 말로 나오고 표정으로 나오고 숨소리로 느껴집니다. 성적이 조금 떨어질 수 있고, 당장은 실망할 수 있어요. 그런데 정말 자기에 대한 확신, 자기 믿음이 있는 아이는 자기 길을 현명하게 찾아가요. 우리는 그 믿음이 빛을 발할 수 있도록 아이와의 연결고리를 단단하게 만들어주는 리추얼을 충분히 활용할 수 있었으면 합니다.

훈육보다
중요한 것

제가 부모 교육할 때 "저는 불안해서 못 그래요. 어떻게 그렇게 너그러울 수 있어요?"라는 질문을 가끔 받습니다. 저는 아이에게 훈육과 제재를 크게 두지 않았어요. 물론 아이에게 훈육이 필요한 시기가 있습니다. 아이의 기질과 특성에 따라 좀 더 훈육의 강도를 높여야 하는 경우도 있고요. 하지만 저는 훈육이 아이의 잘못보다는 부모의 불안에서 오는 경우를 많이 보았기 때문에 그것을 잘 파악하고 있어야 된다고 생각합니다. 그런데 사춘기 시작 지점부터는 이 훈육의 필요성이 참 애매해집니다. 통하지 않는 시기이기도 하고 오히려 이것이 관계를 해치기도 합니다.

훈육을 할 때는 저는 부모에게 상벌의 개념이 아니라 규칙의 개념으로 접근해야 한다고 말합니다. 아이와 함께 가족 규칙을 정합니다. 아이들은 일관성이 무엇보다 중요한데, 미리 함께 정한 규칙에 대해서는 스스로 인지하고 규칙을 내재화시킵니다. 규칙을 안 지켰을 때 받을 불이익을 받아들이고요. 가령 "외출하고 돌아와서 손을 반드시 씻어야 하고, 양치질을 안 할 땐 좋아하는 초콜릿 수를 제한다"라는 규칙을 의견을 나누어 함께 만듭니다. 못 지켰을 때는 부모가 야단을 칠 필요가 없습니다. 오히려 "속상하겠다. 다음에 꼭 지켜서 초콜릿 먹자"라고 위로해줄 수 있어요. 이렇게 이야기하면 관계를 전혀 해치지 않고 자기 규칙을 지켜나가죠.

미리 규칙을 정해놓으면 엄마 아빠 눈치 보면서 거짓말을 할 필요가 없겠죠. 좋은 훈육은 아이 발달 단계에 맞춰서 이렇게 요령 있게 아이가 받아들일 수 있게 해야 합니다.

이것은 아주 일관성 있게 이루어져야 하고요. 또한 아이에게 문제 상황이 발생했을 때 말을 구구절절 덧붙이는 것은 효과가 없습니다. 문제가 있을 때는 성장 욕구가 있구나, 알아봐주기만 해도 좋습니다.

아이가 하는 말이 마음에 들지 않을 때는 고쳐주고 싶은 마음이 바로 올라옵니다. 그런데 가만히 보면 아이 하는 말이 어디서 많이 듣던 말이에요. 바로 부모가 하는 말인 거예요. 아이의 말을 바꾸고 싶을 때 부모의 말을 한 번 찬찬히 돌아보세요. 정말 아이들은 부모의 많은 면을 닮아요. '왜 저런 말을 하지?' 곰곰이 생각하면 그 말 안에 내가 있어요. 단어, 어조, 말투, 표정, 그 안에 내가 있는 거예요. 그래서 말은 단순한 기술이 아니라는 것을 말하고 싶어요. 말에는 그 사람의 가치관, 정서가 담겨 있어요.

그리고 아이의 말을 잘 들어주기를 바랍니다. 그 안에 해결책이 나와 있거든요. "엄마는 왜 맨날 화만 내" 하면 "네가 엄마를 화나게 하니까 그러지" 하는데 아이가 느끼기엔 엄마의 화가 과한 거죠. 그때는 잠시 멈춰야 합니다. 그런 노력들이 필요한 것이 자녀교육입니다. 효과적인 훈육을 말하기에 앞서서 아이 말에 담긴 배경을 이해하고, 그 말에 담긴 나를 돌아보는 것이죠.

이런 훈육이 통하는 시기도 12살 이후에는 끝이 납니다. 이미 이때가 되면 아이들에게는 각자의 슈퍼에고가 형성이 되어 있어요. 본인이 다 알아요. 지켜야 할 것들을 알고 있고 공부해야 할 것도 알고 있습니다. 지금 숙제는 해야 되는데 하기 싫어서 이렇게 고민하고 있어요. 그런데 부모가 말합니다. "너 안 할래? 언제 할래?" 그럼 더 하기 싫어져요.

이땐 관계만을 생각하세요. 일관성 있게 아이 이야기를 들

우리만의 리추얼, 감정의 연결

어주세요.

아이와 관계가 안 좋아졌다면 일정 기간 거리두기를 한 번 연습해보는 것이 좋습니다. 아이와 부딪히는 일이 잦다면 일상적인 대화 외에는 더 이상 요구나 지시가 담긴 말을 덧붙이지 않는 거예요. 특히 "이거 해라", "이거 하지 마라" 이런 말들이요. 이 과정이 익숙치 않아서 답답하지만 얼마간의 시간이 지나면 깨닫게 됩니다. 아이에 대한 지나친 통제가 많은 부분에서 갈등을 가져왔다는 것을요. 그 시간을 한 번 견뎌보면 관계는 좋아집니다.

같은 내용의 말이라도 어떤 시선을 담았느냐에 따라 표현은 완전히 달라집니다. 언어가 생각을 이끌고 생각은 행동으로 이어집니다. 그래서 부정적인 말은 부정적인 생각을 가져옵니다. 실제로 우리 뇌는 긍정어보다 부정어를 더 오래도록 기억합니다. 부정어가 뇌를 훨씬 더 많이 자극하기 때문이죠.

저는 상담할 때도 '부정어를 긍정어로 전환하는 것'에 집중합니다. 자신의 소망을 담을 때는 '구체적이고 긍정적인 언어'로 쓸 것을 늘 상기시키죠. 나의 내면에 집중해서 긍정어를 활용한 이야기들을 채워 넣는 것입니다. 뇌의 작용은 오묘해서 이런 자극을 우리가 노력한 그대로 받아들입니다.

우리가 쉽게 말하는 '말하는 대로 이루어진다', '말이 씨 된다'는 이야기들이 다 일리가 있는 말들인 거죠. 그래서 우리 아이들에게 말할 때도 부모는 이런 점을 눈여겨보았으면 합니다.

'부정어가 아닌 긍정어'로 자신의 생각을 담아 표현해본다면 아이에게도 긍정적인 사고를 심어줄 수 있겠죠.

말이라는 게 일상적으로 수시로 이루어지기 때문에 긍정어로 말을 써야지, 마음먹어도 쉽게 전환이 되지는 않습니다. 이럴 때는 평소에 자주 사용하는 말이 어떤지 파악해보는 것이 좋습니다. 가장 자주 하는 행동, 밥 먹을 때, 화가 났을 때, 일이 틀어졌을 때, 아이에게 무언가를 요구할 때 어떤 말을 하는지 일정 기간 녹음을 해보거나 하루를 돌아보며 정리해보는 노력이 필요합니다.

생각보다 우리가 일상적으로 굉장히 많은 부분에서 부정적인 언어를 쓰는 것을 확인할 수 있습니다. 자신이 자주 하는 말들 중에서 대표적인 몇 가지를 골라서 긍정어로 변환해보는 시도를 해보는 것이 좋습니다.

"장난감 정리 안 하면 이거 다 갖다 버릴 거야" 대신
"장난감을 잘 정리하면 다음에 더 재밌게 놀 수 있어"

"너 자꾸 늦을래? 이렇게 늦으면 선생님한테 혼날 거야" 대신
"좀 더 일찍 준비해서 가면 너 스스로도 기분 좋고 선생님

도 놀라실 거야."

"넌 친구들 사이에서 왜 이렇게 말을 안 하니" 대신
"너는 친구들 이야기를 더 잘 들어주는 것 같아"

"소리 지르지 마" 대신
"좋은 목소리로 말하면 엄마 아빠가 더 잘 알아들을 수 있
어"

"왜 이렇게 밥을 안 먹어. 한 가지만 먹지 말고" 대신
"골고루 잘 먹어야 힘이 세지지. 밥 다 먹고 아빠랑 팔씨름
해볼까?"

이런 연습을 해봅니다. 특히 아이에게 행동 변화를 촉구하
고 싶을 때 부정적인 언어보다 긍정적인 언어를 사용하는 것이
훨씬 더 효과가 큽니다.

긍정어로 바꾸는 연습은 아이뿐만 아니라 모든 인간관계에
서 적용됩니다. 가족, 부부, 친구, 직장동료 관계에서도 좋은
영향을 줄 수 있습니다. 저는 강력한 언어의 힘을 오랜 세월 경

험해왔습니다. 긍정적인 예언을 통해 삶의 변화를 가져온 내 담자들의 이야기는 제 곁에 수없이 자리합니다. 말을 통해 달라지는 나와 우리 아이의 긍정적인 변화를 경험해보았으면 합니다.

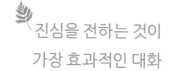

진심을 전하는 것이
가장 효과적인 대화

대화에서 대화 내용 이상으로 중요한 것은 어조와 분위기입니다. 대화의 70퍼센트는 실제 말하는 내용이 아니라, 말에 배어 있는 어조나 말하는 태도, 표정을 포함한 분위기가 차지합니다. 즉, 태도에 담긴 감정이 전달하는 메시지의 핵심이 됩니다.

감정의 연결은 아이와 어른 모두 마찬가지로 통하는 거겠죠. 상담을 하면서도 이 과정은 저에게 큰 통찰을 줍니다.

독일에서 박사 과정 중 상담 수련 때 아무 말도 없이 상담 시간을 채워 가던 젊은 여성이 있었습니다. 하루하루 진전 없는 시간에 지치는 마음도 있었는데 그럴 때일수록 제 본분을 놓치지 않으려 노력했습니다. 늘 똑같이 침묵이 이어지는 상담이었지만 그래도 한결같이 제가 했던 말은 "괜찮습니다. 저는 당신의 말을 들을 준비가 되어 있습니다"였습니다. 그렇게 석

달이 지나면서 드디어 자신의 이야기를 하기 시작했는데 변함없이 자신을 포용할 것 같은 눈빛에 이야기를 꺼내게 되었다는 말에 큰 힘을 얻었습니다. 이후 상담에서도 줄곧 제 마음은 변함없습니다. 표정과 눈빛, 몸짓, 모든 것에서 상대방을 신뢰하고 있음을 전달하려고 합니다.

그런 마음의 전달은 아이에게도 마찬가지로 적용됩니다. 언제나 말을 할 때는 늘 진심이 전달되어야 한다고 생각합니다. 그래서 감정적으로 과할 필요가 없습니다. 과잉된 표현으로 아이의 감정을 더 앞서갈 필요가 없는 것이죠. 아이의 마음을 읽어줄 때는 정확하게 상대방의 마음을 알아주는 것이지, 지나치게 마음을 읽어주는 것이 아닙니다. 그리고 해결책은 부모가 주는 것이 아니라 아이에게서 나와야 합니다. 그렇기 위해서는 아이에게 시간이 필요합니다. 그 과정에서 아이는 자기의 감정을 다스리는 법을 배웁니다. 아이의 마음을 읽는 것은 부모와 아이 사이에 진실하고 진정한 소통이 된다는 것을 깨닫는 과정입니다.

부모가 자신의 뜻을 아이에게 관철시키거나 자신이 원하는 대로 이끌기 위해 언어를 무기화하는 경우도 있습니다. 이런 말들은 생각보다 우리가 자주 씁니다. 특히 "너는 문제가 있어", "나는 널 포기했다", "너한텐 기대도 안 해"라는 말은 각별히 주의했으면 합니다. 아이의 마음에 상처를 주는 말이기 때문입니다.

부모의 이 말 안에는 정말 아이를 포기하고 기대를 하지 않는 것이 아니라, 이렇게 강하게라도 말해서 아이가 부모의 바람대로 따라와주길, 아이가 바뀌길 바라는 마음이 있을 것입니다. 하지만 이런 말들이 아이를 달라지게 할 수는 없습니다. 오히려 상처만 줄 뿐이죠. 어떤 상황에서도 자신이 진심으로 원하는 바를 표현하는 것, 아이와의 대화에서 가장 중요한 핵심입니다.

우리만의 리추얼, 감정의 연결

"오늘 너무 수고했어.
내일은 또 어떤 일이 생길까?
우리 기대하면서 잠을 청해보자."

"감정에는 옳고 그름이 있는 게 아니라
다양한 색깔로 존재하는 거예요.
다양한 감정을 겪는 것은 살아가면서
자연스러운 현상입니다."

PART 4

건강한 관계를
맺기 위해

아이들은 부모와의 관계에서 많은 것을 배웁니다.
아이가 보호자와의 관계에서
이런 게 사랑이구나, 느낄 수 있어야 합니다.
자신에게 과거의 고통을 회복할
능력이 있다는 것을 믿어야 합니다.
인생을 살아가면서 모든 사람에게는 다 상처가 있습니다.
상처의 종류와 깊이가 다 다른 것이죠. 상처가 있다고 해서
좋은 부모가 될 수 없는 것이 아닙니다.
그 과정에서 노력이 더 들어가는 것뿐입니다.

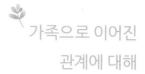

저는 상담을 하면서 "아이가 나처럼 될까 두렵다"는 말을 많이 듣습니다. 부모가 가진 원가족의 상처를 깊이 이해합니다. 그 상처가 아이에게 영향을 줄까 고민하는 그 모습을 보면서 부모의 자리를 생각하게 됩니다. 그때 제가 내담자들에게 들려주는 이야기는 이렇습니다.

"우리는 운명을 받아들이는 것이 아니라 만들어가는 거예요. 대물림 역시 마찬가지입니다. 대물림은 피동적으로 받는 것이 아니라 내가 무의식적으로 이어가는 것이죠. 그래서 불행의 대물림은 끊어야 합니다. 이를 끊기 위해서는 나의 모습을 잘 들여다보아야 합니다. 자신의 상처가 무엇인지, 그로 인해 자신이 하고 있는 반응은 무엇인지 알아야 합니다. 자신의 상처와 무관하게 이를 바라볼 수 있고 그것을 토대로 해결책을 찾아야 합니다."

심리학을 공부하면 할수록, 또 많은 사람들을 상담하고 배움을 주고받으며, 관계 양식은 나의 부모에게서 그 자산을 받고 또 그것을 나의 아이에게 물려주는 것을 확인합니다. 그것은 때로는 독이 되기도 하고, 때로는 큰 자산이 되기도 합니다. 자신의 상처를 딛고 아이에게 좋은 것을 물려주고자 끊임없이 아이 마음을 헤아리고 노력하는 수많은 내담자들을 만나왔습니다. 그 과정에서 상처를 마주 보고 그 기억으로 상처받으면서도 포기하지 않고 그 힘을 이어나가고자 했던 수많은 사람들은 제게 또 다른 영감을 주었습니다.

우리 부모님은 인식의 변화, 리프레임의 귀재셨죠. 부정적인 상황을 바꿔 생각하는 능력이 탁월하셨는데요. 그런 생각의 전환은 삶에서 꼭 필요한 것 같습니다. 그건 나의 삶에도 필요하고, 아이의 삶도 훨씬 풍요롭게 해줍니다.

조부모, 부모님으로부터 관계 맺는 법을 보고 배우며 저도 모르게 그대로 아이에게 영향을 주고 있습니다. 이것은 숨 쉬는 것과 같아서 '내가 이런 방법을 쓰고 있구나, 나는 아이를 이렇게 바라보고 있구나' 인식하지 못했습니다. 하지만 많은 상담 경험이 쌓이고 학문의 깊이를 더하면서 '이게 참 좋은 거였구나, 이런 것은 좀 더 내가 신경써야겠다' 깨달으며 저 역시 의식적으로 노력하는 부분들이 쌓였습니다.

아이를 키우면서 상황마다 배움의 과정이 있었고, 기쁨과 즐거움, 슬픔이 존재했지만 변하지 않는 가치는 있는 그대로의 아이를 만나고, 바라보아야 한다는 것이었습니다.

부모가 그런 마음으로 아이를 대할 때, 부모는 자신과의 관계를 잘 맺을 수 있고, 아이 또한 관계 맺는 법을 알아갑니다. 그러면 부모와 아이 모두, 떨어져도 함께 있어도 자기 존재의 빛을 당당히 낼 수 있는 거죠.

아이에게서 저를 볼 때도 있었지만 아이는 저와 닮은 듯 다르게 자신의 삶을 살더라고요. 그런 모습을 볼 때는 정말 기뻤습니다. 우리 부모님이 늘 저에게 주셨던 메시지, '아이는 나와 다른 존재, 존재 자체로의 귀함'을 아이를 키우며 새삼 깊이 깨닫게 되었던 것 같아요.

아이를 키우는 과정에서 시행착오가 있었다면 또 그것을 통해 인생을 배워야 한다는 것도 깨닫습니다. 혹시나 저도 모르게 기대와 욕심이 묻어 있다면 찬찬히 제 마음을 돌아봐야 합니다. 부모로서 주어야 할 것, 또 주지 말아야 할 것을 내가 먼저 알고, 나의 부모에게서 받은 좋은 정서적 유산을 아이에게 잘 전달하는 것, 그리고 나와 다른 존재인 아이에게 나의 욕망, 나의 상처, 나의 콤플렉스를 주지 말아야 하는 것, 모든 부모에게 주어진 과제일 것입니다.

아이에게서
나를 보지 마세요

어떤 어머니가 상담실 문을 열고 들어왔는데 머리부터 발 끝까지 우울이 온몸을 휘감고 있는 듯했습니다. 표정과 몸짓, 자세 모두 우울이라는 옷을 입고 너무나 무기력하게 축 처져 있는 느낌이었습니다. 그러면서 앉자마자 중학생 딸에 대한 하소연을 하더라고요. 딸아이가 학교생활도 너무 엉망이고 자신 감도 없고 아이를 보면 속이 터진대요. 그래서 어떻게 하길래 그렇게 속상하냐고 물었더니 자신이 충격받은 일이 얼마 전에 있었다고 했습니다.

어느 날 집에 오다가 보니까, 아이가 학교에서 오는 길에 편의점에 들러서 친구랑 컵라면을 먹고 있었다고 합니다. 그 장면을 보는 순간 너무 한심하고 걱정스럽다는 거예요. 영양가도 없는 컵라면을 길거리에서 먹고 있다고 한숨을 내쉬더라고요. 그러면서 아이에 대한 이야기가 이어졌는데 학교에서 적응을 잘 못한다. 초등학교 때 부모 참관 수업을 가보면 손 한 번 못 들더라, 친구들이 몇 명 안 된다, 친구들한테 늘 끌려 다닌다. 이런 이야기를 계속 이어갔습니다.

그런데 상담자 입장에서 보면 아이는 나름대로 아이 영역을 만들어가는 게 보였거든요. 그런데 이건 아이 모습이 아니라 아이에게서 나를 보는 거예요. 어머니가 항상 자기 자신에 대해서 열등감을 느끼고 본인이 그런 모습을 갖고 있는 것이 너무 싫은데 그 모습이 아이한테 전달된 것 같고. 아이가 내 모습인 것 같아서 아주 불편한 거죠. 내 모습이 들키는 것 같은 느낌에 보고 싶지 않고 과대한 걱정이 이어집니다. 그런데 여기서 중요한 것은 어머니가 이 아이한테 그 부정적인 생각과 열등감을 심어주고 있는 거죠.

우선 어머니가 본인의 열등감에서 벗어나야 돼요. 본인이 당당하고 편안한 마음이라면 아이가 편의점에서 라면 먹는 것이 그렇게 속상해하고 걱정스러운 일은 아닌 거죠. 아이들이 자라면서 컵라면을 먹거나 군것질을 할 수도 있고 여러 경험도 하는데 그것이 세상 무너질 일은 결코 아니니까요. 어머니는 자신도 모르게 아이의 모든 것을 부정적인 걱정거리로 만드는 불필요한 에너지를 쓰고 있었던 거예요.

"아이가 문제가 아닌 것 같습니다. 어머님이 갖고 있는 열등감과 부정적인 사고에서 벗어나는 것이 중요합니다. 그런 부정적인 사고를 걷어내야 아이 자체를 바라볼 수 있습니다. 그러면 그런 일탈도 여유 있게 바라볼 수 있을 거예요. 친구를 소수만 사귀어도 괜찮아요. 소수더라도 깊게 사귈 수도 있고, 내향적이어도 자기의 매력을 충분히 발휘할 수 있어요. 늘 눈에 띄는 리더를 해야 매력이 있는 것은 아니니까요."

심리학에서 중요하게 보는 '투사'가 작용한 전형적인 예입니다. 투사란 개인의 성향인 태도나 특성을 다른 사람에게 무의식적으로 원인을 돌리는 심리적 현상입니다. 심리학에서 투사는 매우 중요한 심리적 방어 기제이기에 이것을 잘 이해하는 것이 필요합니다.

아이 그대로의 모습으로 자신 안의 매력을 충분히 발휘하고 있는데, 그것을 보지 못할뿐더러 못 보는 것에서 끝나는 것이 아니라 "너는 왜 그러니, 넌 이것도 부족해" 하면서 부정적인 자아상을 부모가 계속 심어주고 있습니다.

워크숍을 통해 만난 한 학생이 기억납니다. 단체 프로그램을 함께 했는데 앞장서서 발언하지는 않았지만 다른 사람의 생각을 사려 깊게 들으면서 자신의 의견을 섬세하게 표현하는 좋은 점이 있었습니다. 그런 모습을 보고 칭찬을 아끼지 않았는데 어렸을 때는 자신의 이런 점이 싫었다고 해요. '목소리가 너무 작은 것이 아닌가', '왜 먼저 말한다고 하지 않았을까?' 활달한 성격의 위에 형제자매와 늘 비교당하며 부모님이 들려주신 피드백에 주눅이 들어 있다가 중3 때 만난 선생님을 통해 자신에게 있는 이런 관찰력이 좋은 거라는 것을 처음 알았다고 했습니다. '나에게 큰 장점이 있구나' 하고요.

우리 아이를 자신만의 잣대로 보는 것은 아닌지 객관적인 점검이 필요합니다. 한 걸음 뒤로 물러나 찬찬히 아이를 떠올려보세요. 우리 아이에 대한 이미지는 어떤가요? 그리고 어렸을 때 나에 대한 생각도 떠올려보세요. 왠지 겹쳐 보이나요? 하지만 아이는 나와 다른 면이 많을 수 있음을 기억해야 합니다.

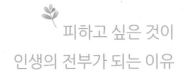

어떤 내담자가 있었습니다. 부모님이 어렸을 때 이혼을 하면서 심적으로 경제적으로 어려움이 매우 많았어요. 부모님 이혼 후 양육을 할 사람이 없어서 할머니가 길러주면서 여러 가지 고생도 많이 했고요. 살면서 그게 너무 한이 된 사람이었어요. 그래서 이 사람은 '난 결혼을 하면 절대 이혼은 안 한다' 이것을 마음에 새기죠.

그런데 이상하게 '난 이혼은 안 한다'는 것이 이 사람의 인생의 목표가 됩니다. 결혼하면 생기는 여러 가지 갈등 상황에서도 '난 이혼은 안 해' 이 생각에만 꽂혀 있으니 해결 과정이 아예 없어요. 이것을 프레임 효과라고 하는데 그 생각에 갇혀버려 모든 것이 '이혼' 프레임으로 받아들여진 겁니다. 사소하게 다투거나 갈등이 생기면 그걸 해결해나가면 되거든요. 그런데 이것에만 매달려 있으니 모든 과정이 경직되고 그 사이에서 자녀는 위축될 수밖에 없습니다. 이혼을 안 한다면 그럼 '어떻게 행복하게 살 것인가', '어떻게 행복한 부부로서 가정에서 필요한 행동들을 채워나갈 것인가'를 고민해야 하는데 그 과정이 쏙 빠진 거죠.

갈등에 대한 대응도 문제를 해결하기보다는 이혼하면 안 되기 때문에 '난 참아야 돼. 이건 표현하면 안 돼. 싸우면 안 돼' 이러면서 무조건 꾹꾹 감정을 눌러 담는 거예요. 하지만 이렇게 참는 것이 본인의 요구가 좌절된 채로 참고 있는 거잖아요. 아이 입장에서는 나를 위해서 이혼하지 않으려고 불행한데도 그저 참고 희생하는 엄마인 거죠. 그건 고스란히 자녀한테 부담이 됩니다. 이 갈등이 해결되지 않은 채로 지속되다가, 결국엔 이혼의 위기까지 갔습니다. 남편도 이 사람의 '이혼만은 안 돼' 이 취약점을 너무 잘 알고 있고 그걸 이용하는 상황이었습니다. '나한테 이렇게 나오면 우리 이혼하는 거야' 이러면서요.

내가 그렇게 참고 노력했는데도 이혼을 한다는 절망감이 큰 상태였습니다. 그래서 저는 이 상담에서 '이혼'에서 자유로워지기를 요청했어요. 이혼이 아닌, 무엇이 자신을 홀가분하고 자유롭게 할 수 있는지를 찾아보는 연습을 하는 것이 가장 중요한 과제라고 생각했습니다.

그리고 '아이를 위해 이혼할 수 없다', '나는 부모가 이혼해서 힘들었기 때문에 아이에게 이혼의 짐을 지우고 싶지 않다'는 이 전제 조건이 정말 아이를 위한 것인지 물었습니다. 아이에게 보이는 특징이 있었는데 아이는 음식을 잘 씹지 못하고 저작과 소화 기능이 약화된 상태였습니다. 처음에는 이유를 몰랐는데 아이의 지나친 긴장이 식사에까지 영향을 미쳤다고 했습니다. 잘 먹지 않는 아이를 살피느라 식사시간이 늘 엉망이라고 했지만 아이에게 가해진 심리적 불안이 그대로 전해져 왔습니다. 아이를 위해서라도 이혼이라는 프레임에서 자유로워지기를 바랐습니다.

지금 이 사람에게는 이혼을 해도 불행, 이혼을 안 하고 이 생활을 유지해도 불행입니다. 이것을 극복하기 위해 '결혼생활을 유지해도 행복해, 그러나 불가피하게 이혼을 해도 행복해' 이런 관점으로 돌리기 위해 함께 노력했습니다. 자신이 갖고 있는 것에서 긍정적인 것이 있으면 그것에 더 집중하도록 했습니다. 배우자가 가정의 일원으로서 부족한 모습을 보이고 생활의 위협을 가하고 있다면 그것을 계속 참고 결혼 생활을 유지할 수는 없어요.

상담을 통해 이혼하지 않기 위해 애쓰는 자기만의 패턴을 인지하고, 이혼하지 않으려는 것에 집중하는 동안 무엇이 빠져 있는지, 또 내가 잘하고 있는 것은 무엇인지 찾아가는 연습을 한 거죠. '이혼이 만약에 아이를 위해서 가장 좋은 해결책이면 할 수 있다' 이런 마음을 가져야만 훨씬 더 당당하게 내가 하고 싶은 이야기도 하고, 또 원하는 것도 요구할 수 있다고 이야기했죠.

그런데 어느 날 남편이 또 이혼을 요구했을 때 이번에는 다른 때와 다르게, "그래, 알겠다, 그럼 이혼도 한번 생각해보자, 구체적으로 우리 어떻게 할까" 이렇게 얘기를 나누게 되었어요. 그랬더니 이게 전환이 되어 변화가 찾아왔어요. 남편도 아차 싫었던 거죠. 아내의 단호한 변화에 당황하면서 점차 태도도 변하고 가족을 위해 노력하는 모습을 보이기 시작했습니다. 이혼하지 않으려고 했을 때는 오히려 이혼이 되고 있었는데, 이혼을 할 수도 있겠다, 그것도 하나의 방법으로 찾아보자, 하니까 오히려 자기가 원했던 해결책으로 차츰차츰 실마리가 풀려서 지금은 안정된 생활을 하고 있어요.

이 상황을 살펴보면, 우리가 무언가를 안 하려고 했을 때, 그것을 피하려고만 하면 그것만 남는 거예요. 아이한테도 그래요. 내 부족한 점, 학벌이라든가 외모라든가 재능이라든가

습관이라든가 나의 부족한 점을 채우려고 아이에게까지 강요할 때 그 너머의 다른 것을 보지 못하고 오히려 그것만 남는 거죠. 부모가 그것을 들키지 않기 위해, 감추려고 아등바등하면서 몸부림치는 과정에서 아이 눈에는 부모가 피하려고 하는 것만이 보입니다.

자신이 두려워하는 것이 무엇인지 잘 알아야 해요. 아이러니하게도 자신에게 취약한 무언가를 생각하다가 오히려 그것 때문에 덫에 걸리는 경우를 봐요. 자신에게 있는 두려움의 본질을 알아야 합니다. 어느덧 인생을 돌아보면 그토록 피하고 싶었던 것이 덩그러니 놓여 있을 수 있습니다. 이 두려움이 자신에게 너무나 크게 자리하고 있다면 아이와의 관계 또한 부자연스럽고 불편할 수밖에 없습니다.

내가 나와의 관계에서 편안할 때, 나의 부족한 점에서 자유로울 때, 나를 얽매고 있는 것에서 유연해질 때, 다른 사람, 아이와의 관계도 편안해집니다.

건강한 관계를 맺기 위해

끝내 풀지 못한
문제

아이를 잘 키우기 위해서는 아이와 별도로 개별적인 존재
로서 나에 대한 자기 성찰이 필요해요. 자신의 취약점이 무엇
인지 그것을 아이에게 전하고 있지는 않은지 살펴보아야 합니
다. 세상에 절대적인 좋은 것과 나쁜 것은 없어요. 그것을 어떻
게 받아들이느냐에 따른 건데요. 본인이 키 작은 거에 대해서
열등감을 가지면 내내 아예 키 작은 것만 걱정해요. 이번 생은
작게 태어났어요. 어쩔 수 없잖아요. 작은 사람의 장점을 찾는
거죠. 저도 키가 작은 편인데 작은 사람이 가지고 있는 좋은 점
이 있어요. 키 작은 사람은 어렸을 때부터 키 큰 사람에 비해
똑똑하다는 얘기를 훨씬 더 많이 들어요. 왜냐면 자라는 내내
자기 연령보다 더 어리게 보거든요. 다섯 살인데 네 살 정도 됐
을 거라고 생각하고 "어머, 너무 야무지다. 똑똑하다" 그런 이
야기를 합니다.

아이가 어쩌면 이렇게 똑똑하냐는 이야기를 계속 듣다 보면 은연중에 난 똑똑한 사람, 머리가 좋은 사람, 이런 생각이 스미는 거죠. 그렇게도 생각할 수 있는데 "너는 키가 작아. 작아서 어떡하지. 요즘 세상에 이렇게 키 작으면 어떡해" 하면 당연히 아이는 움츠러들죠. 같은 상황이나 현상에 어떤 반응을 하느냐에 따라서 굉장히 달라집니다. 부모가 그 관점을 심어주는 겁니다.

어떤 어머니가 있었어요. 딸에게 엄청난 공을 들였습니다. 딸아이의 학업뿐 아니라 그야말로 모든 것을 관리했는데 어머니가 원하고 계획한 대로 국내 최고대학 의대에 합격했습니다. 가문의 영광이었죠. 집안 전체가 축제 분위기로 온 가족이 기뻐했습니다. 어머니는 어머니 나름대로 자신이 이룬 결과에 만족했지만 인생은 그게 끝이 아니잖아요. 대학까지는 아이가 어머니가 이끄는 대로 자신의 욕구를 누르고 따라왔지만 대학에 들어가서는 자신의 목소리를 내기 시작했어요. 갈등이 촉발된 계기는 남자친구를 사귀면서부터였는데, 어머니는 아이의 남자친구가 그다지 마음에 들지 않은 거예요. 이래서 별로고 저래서 별로인데 딸 기준에는 과연 어머니 눈에 찰 남자친구가 있을까 싶을 정도로 그 기대 수준이 너무 높았습니다. 그

건강한 관계를 맺기 위해

런 갈등이 반복되면서 아이는 폭발합니다. 정말 엄마를 떠나고 싶다고요.

어머니는 아이의 반응을 보면서 또 난리가 납니다. "네가 감히, 지금 네가 가지고 있는 모든 것들이 다 내가 만들어준 건데 네가 어떻게 나에게 이럴 수 있느냐. 네가 간 대학, 너의 직업, 이것은 다 내가 만든 것이다, 넌 나의 작품이다"라면서 엄청나게 분노합니다. 그러면서 어머니가 상실감과 분노를 누르지 못하고 절 찾아온 것인데 이 어머니의 시선은 아이가 완전 잘못된 방향으로 가고 있고, 도저히 용서할 수 없으니 아이를 제자리로 돌려놓아야 한다는 것이죠.

상담을 와서 이야기를 들으니 어머니는 본인이 과거에 이루고 싶었던, 자기가 원하는 것을 다 성취하지 못했던 한을 아이를 통해 이루려고 한 것이었어요. 아이는 다른 사람인데 아이를 자신과 동일시한 것이죠. 목표를 세우고 목표를 향해 달려가는 매우 성취지향적인 사람이었는데 그것을 아이에게 투사했던 것입니다.

이 어머니는 계속 자신이 억울하다고 이야기하면서 모든 것을 포기하고 아이에게 매달린 세월을 보상받고 싶다고 했습니다. 이 감정의 소용돌이는 결국 아이가 자신을 떠나게 만들었는데 그 모든 것이 매우 힘겨운 상황이었습니다.

이 어머니가 이루고 싶었던 것은 무엇일까요? 자신의 삶과 아이의 삶을 전혀 분리하지 못하고 아이를 통해 자신의 목표를 이루려 했습니다. 아이는 자신의 대체자가 아니었지만 지속된 상담 기간에도 이 문제를 끝내 풀지 못했습니다.

이 모든 것들이 자녀와 나를 하나로 인식한 부모의 시선에서 시작되었는데요. 자녀와 자신을 분리하려는 노력을 했지만 긴 시간 완고하게 자리 잡은 인식은 쉽게 해결되지 않았습니다. 결국 자녀와의 관계를 회복하지 못한 상태에서 "남은 인생은 무슨 목표로, 무엇을 바라보고 살아야 하느냐"는 어머니의 말이 오래 기억에 남습니다.

건강한 관계를 맺기 위해

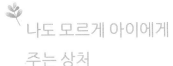

나도 모르게 아이에게
주는 상처

아이를 완전히 사회 속으로 나가지도 못하게 사회적인 고립
자로 만들어버린 경우도 많이 봅니다. 어떤 아버지가 상담을
왔는데 그 아버지의 경우에는 자신의 아버지, 즉 자녀의 할아
버지가 아들한테 과도하게 개입하고 통제한 경우였어요. 성공
을 강요당하며 자라왔고, 그 아버지의 가치관 자체가 굉장히
출세지향적이었어요. 아버지의 기대대로 좋은 대학을 나와 대
기업에 들어가 높은 자리를 차지하고 있었고, 경제적인 여유와
사회적 지위를 가졌습니다.

이 사람의 아버지가 어느 정도였냐면 신혼여행을 다녀왔는
데 신혼여행 때 아버지에게 연락을 하지 않았다고 아내가 보는
앞에서 종아리를 맞았다고 하더라고요. '내 아버지가 원하니
까, 나도 해내야지' 하면서 무조건 나는 옳다는 아버지의 가치
관을 아들은 그래도 따라갔습니다. 그런데 사회적으로 성공했

지만 본인이 느낀 자아상은 너무 초라했어요. 아버지는 다 큰 아들의 종아리를 때리면서도 자신은 잘못했다고 전혀 생각하지 않았겠죠. 오히려 나는 이렇게 자녀를 엄하게 다스려 지켜주고 있다고 생각했을 거예요. 하지만 자식의 배우자가 보는 앞에서 종아리를 때리는 부모는 자녀에게 엄청난 상처를 주는 사람인거죠.

자신이 받은 상처가 있지만 이를 잘 인지하지 못한 채 성장했을 겁니다. 그리고 기본적인 기류가 대물림됩니다. 자신의 아들에게도 '넌 잘해야 된다, 좋은 대학을 나와야 한다'고 주입합니다. 아들은 굉장히 공부를 잘했습니다. 영재학교를 다니고 기대를 한 몸에 받았는데 어느 날 부모의 통제를 견디지 못하고, 완전히 다른 사람이 되어버립니다. 공부를 하고자 하는 동기와 의욕을 잃어버리니 성적도 떨어지고 대학 진학에도 실패하니까 위축되어서 바깥에도 나가지 않고 집에만 있는 거였어요.

이 아버지는 아들의 모습을 보고 감당을 못해요. 내 아들은 잘 되어야 하는데 용납이 안 되는 거죠. 자신이 받은 대로 매로 다스리고 계속 닦달을 하다가 상담을 하러 온 거였어요.

그러면서 아이가 이상한 방향으로 가고 있으니 아이를 어떻게 해달라고 하는데, 사실 아이의 문제가 아니라 부모의 문제 였죠. 아이 심리가 그 지경까지 갔는데 그런 것은 보이지 않은 상태였습니다.

이때 아이에게 필요한 것은 부모가 진심으로 아이에게 사과 하는 거예요. 아이를 잘 되게 하려는 의도였을지라도 아이가 스스로 생각하고 느끼는 것을 허용하지 않는 것은 아이를 정 신적으로 죽이는 일과 다름없습니다. 아이가 무엇을 원하는지 들여다보지 않았다면 그 과정에서 아이에 대한 존중은 전혀 없는 것이니까요. 그래서 제가 그 아버지에게 이야기했어요.

"당신도 마음으로 정말 이 아이를 잘 키우고 싶었을 거고, 너무나 사랑하고 너무나 소중한 존재인데 그 마음을 표현한 게 의도하지는 않았겠지만 아이에게는 큰 상처가 되었습니 다. 아이를 통해 무엇을 이루고 싶은지 잘 보셔야 해요. 그것 이 정말 아이가 원하는 것인지, 내가 원하는 것인지를요."

결국은 아이를 그냥 아이 자체로 보지 않고 자기 자신으로 본 것입니다. 내가 내 자녀를 본다는 것은 '나와는 분화된 채 로' 눈을 크게 뜨고 봐야 하고 열심히 귀를 기울여야 하는데 그게 잘 안 되는 경우가 많습니다.

그래서 부모들은 본인 스스로 자신이 어느 지점에 있는지 자기 자신을 이해하고 의도치 않았지만 자녀에게 준 상처를 알아야 해요. 그러면 자신이 받았던 올가미나 상처를 내려놓을 수 있고 아이에게도 더 나은 길을 가게 할 수 있습니다.

이런 자녀와의 문제나 갈등으로 상담을 할 때, 상담자의 인내심이 무엇보다 필요한 과정이기도 합니다. 자기 자신을 이해한다는 게 그렇게 쉽게 되는 일이 아니에요. 자신의 상처를 직면하고 내가 어떤 상처를 주는지 이게 잘 보이지 않아요.

때로는 자녀와 경쟁하는 마음도 가지게 됩니다. 부모가 되어 자녀를 키우면 그 과정에서 아이의 발달 단계를 거치게 되는데, 이 단계에서 은연중에 자신이 그 나이였을 때의 모습과 비교를 하는 것이죠. 그런데 나의 자녀가 나보다 더 호강하고 있으면 그게 좋으면서도 억울하기도 하고, 잘 따라와주지 않으면 분노가 치솟습니다.

상담 내내 화만 내고 가는 사람도 많습니다. "나 이렇게 열심히 했고, 나는 못 받은 것을 내 아이에게 주기 위해 얼마나 애썼고 모든 것을 헌신했다" 하면서 절규를 합니다. 자녀를 키우기 위해 쏟아부은 많은 시간과 비용, 노력, 그것들이 손에 잡

건강한 관계를 맺기 위해

히지 않고 물거품이 되었다고 호소합니다.

"저의 부모님은 저에게 이렇게 해주지 않았어요. 얼마나 간절했는데요. 정말 이런 지원을 얼마나 받고 싶었는데요. 저는 제가 못 받은 것을 해주기 위해 모든 것을 쏟아부었어요. 그런데 어떻게 저에게 이럴 수 있어요. 제 말도 듣지 않고 저렇게 아무것도 안 하고 살 수가 있어요?"

이렇게 울부짖다 가는 경우도 정말 많아요. 그 과정을 함께하면서 힘든 마음을 쏟아내고 상담자의 공감과 지지를 받고나면 그때부터 힘이 생겨서 아이를 바라봅니다. 아이의 좌절과 무기력에 대응할 수 있는 힘도 생기고요.

이 과정에서 자신도 몰랐던 나도 알게 되죠. 자기 자신도 자기 마음을 모르는 경우가 많거든요. 그래서 자신이 무의식적으로 행동하는 것, 참기 어려운 감정, 벗어나고 싶은 마음, 특정 상황의 반사적인 불안을 알려면 잠겨 있는 무의식을 의식화해야 됩니다. 특히 분노나 화, 억울함, 두려움 등 감정적인 동요가 크게 일어났을 때마다 그 상황을 적어보고 객관적으로 살펴보는 것은 의식화 과정에 도움이 됩니다. 이 과정을 통해 새로운 관계 경험을 합니다. 그러면서 긍정적인 변화가 일어나서 나의 문제에서도, 아이와의 관계에서도 변화를 가져오게 됩니다. 악순환의 굴레에서 벗어나는 과정입니다.

무엇보다 가장 중요한 것은 아이는 나와 다른 독립적인 존재라는 것을 인식해야 합니다. 나와 다른 욕구와 다른 가치관이 있음을 이해해야 되는 것이죠. 자녀의 시선이 어디에 머물러 있는지 부모가 잘 살펴보아야 합니다.

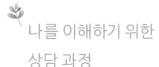

나를 이해하기 위한
상담 과정

"내 부모처럼 될까 봐 결혼이 두려워요", "나는 엄마 같은 엄마가 되지 않을 거예요" 자신이 받은 상처가 두려워 부모가 될 수 없다는 사람들을 봅니다. 그리고 그런 피하고 싶은 마음은 아이를 키우면서 족쇄가 되기도 합니다.

그런데 저는 그렇게 말해요. 내가 받은 상처를 대물림하지 않겠다는 마음, 아이를 위해 좋은 부모가 되겠다는 마음에서 이미 당신은 자신의 부모와 다른 부모가 될 준비가 되었다고요.

그렇다면 나의 부모와 다르기 위해서는 어떻게 해야 될까요? 바로 상처의 대물림을 끊기 위한 노력이 필요할 테고, 그 선행 작업이 자신을 아는 것입니다.

나를 이해하고 객관화시키는 게 쉬운 일은 아닙니다. 어렸을 때부터 부모로부터 들은 이야기에서 자신을 거리 두고 바라보는 것은 많은 노력이 필요합니다. 그런데 아이를 잘 키우고 싶다면 아이 문제가 아니라 나의 문제에 대해서 좀 더 집중하고 노력할 필요가 있다는 거죠. 내 문제와 아이 상황이 겹쳐지면 무엇을 바로 세워야 할지 알 수가 없어요. 풀리지 않는 실타래가 있다면 자신의 문제부터 풀어나가야 해요. 그리고 더 심층적으로 대를 이은 가족 문제를 찾아보는 겁니다.

어떤 아버지가 있었어요. 그는 자신의 아버지에게 무수히 억압받으며 성장하였습니다. 그런 아버지를 보면서 저러면 안 되겠다고 하지만 자기도 모르게 그것이 학습되죠. 결혼해서 알게 모르게 아내와 아이를 통제합니다. 그런데 이 사람은 끊임없이 여기서 벗어나려고 노력을 하는 거예요. 꾸준히 상담을 공부합니다. 단기성으로 상담을 공부하고 책을 찾아서 보는 게 아니라 계속 나에 대해 알아보고 자기 패턴을 찾아갔습니다. 그래서 가까스로 행복한 가정을 만들어가더라고요. 결국은 이 패턴을 끊는 것이 부단한 노력이 필요한 일입니다.

이 아버지는 자신의 아버지 말을 따르는 착한 아들이 된 상태이기 때문에 아버지의 모순을 보기가 힘들었어요. 아버지가 원하는 만큼 좋은 아들이 되지 못했다는 것에 굉장히 큰 죄책감을 가지고 있었는데, 상담을 하면 할수록 '아버지가 우리에게 지나치게 했구나, 아버지가 우리를 결국은 이런 무능력자

건강한 관계를 맺기 위해

로 만들었구나' 이런 생각이 들었다는 거예요. 사실 상담 과정 중에 큰 변화였어요. 늘 자신이 모자라고 부족하다는 자책을 했거든요. "전 이것도 못해요. 저것도 못해요. 아버지 기대를 채워주지 못한 불효자입니다" 이런 이야기의 반복이었죠. 그런 중에 자기 상처를 직면하게 된 것이죠. "아버지가 참 미워요 결국은 아버지의 불안, 경직된 사고와 교육관이 저를 이렇게 만들었어요. 그냥 내버려뒀으면 좀 더 편안하게 내 길을 찾지 않았을까요?" 이 말을 했을 때 제가 너무 잘했다고 격려하고 지지를 했어요.

"당신의 그런 솔직한 감정을 만나는 게 중요한 거예요. 그런 감정을 표현해줘서 참 좋습니다. 아버지가 밉다는 자신의 마음을 인정해줬기 때문에 당신 안에 있는 아버지에 대한 미움이 드디어 존중받아서 이제 좀 더 편안해질 거예요."

그리고 자기감정을 인정하고 표현하는 것이 중요하다는 것을 깊게 깨달아서 이 순간을 기억하고 싶다고 하더라고요. 심리학에서는 이것을 중요한 포인트로 여깁니다. 진짜 감정들을 편안하게 드러내고 그 감정이 존중받으면서 편안해지는 것, 그래야 아버지를 웃으며 만날 수 있습니다. 자녀가 부모에게 억압 당하고 억눌려 있어도 오랜 세월을 그렇게 지내왔기 때문에 그게 이상하다는 것을 인지하지 못해요. 그냥 그러려니, 하고 죄책감을 안고 지내요. 내가 기대에 부응했어야 하는데 하고요. 하지만 상담을 통해 그 상황을 객관화시켜주면 달라집니다.

결국은 모든 인간이 자신의 감정을 존중받는 것에서부터 편안하게 상황을 바라보고 자신을 돌봅니다. 억눌려 있는 감정들을 인정해준 뒤 비로소 뿌옇게 가려져 있던 문제들이 눈에 들어옵니다. 그 과정을 통해 나를 찾아가는 것입니다. 나에 대해 균형 잡히고 이해 가능한 자각을 통해 나 자신과 새롭게 관계를 맺고, 변화를 가져올 수 있습니다.

건강한 관계를 맺기 위해

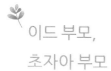
이드 부모,
초자아 부모

아이의 성장에 따라 부모가 주는 사랑의 모습은 달라집니다. 부모의 역할이 달라지는 거죠. 아이가 발달 단계를 거치면서 분명히 다른 발달 과제가 있기 때문입니다. 어렸을 때는 전적인 케어가 필요합니다. 그래야만 아이가 생존할 수 있습니다. 그런데 아이가 자라면서 자율성이 생겨납니다. 스스로 독립하려는 욕구도 채워져야 합니다. 그런데 이 욕구를 채워주는 방식이 아이가 성장했는데도 어린아이를 대하는 형태로 이루어지면 안 되는 거죠. 아이한테 잘해준다고 하면서 숙제를 대신 해주는 부모도 있어요. 영아기, 유아기의 모습으로 부모역할을 하는 거죠. 아이가 할 수 있는 일, 해야 할 일을 대신해주는 것은 아이 성장에 맞지 않는 행동입니다.

상담을 하면서 초자아 부모와 이드 부모를 만나게 되는데요. 초자아 부모는 이성적인 통제가 강력하게 작용하는 부모,

이드 부모는 자신의 본능과 욕구를 앞세우는 부모입니다. 초자아 부모를 살펴보면 부모가 양육에 대한 잘못된 생각을 갖고 있거나 근본적으로 가족 내의 구조적인 문제가 있는 경우를 많이 봅니다. 헬리콥터맘처럼 모든 것을 부모가 아이 대신 그 역할을 하는 거죠. 중학생 아이가 학원을 가기 위해 대중교통을 이용할 수도 있는데 부모가 절절 매면서 택시를 대신 잡아줍니다. 그런데 이것은 아이에게 잘해주는 것이 아니라 아이의 발달 단계를 해치고 있는 것이죠. 성장 시기를 지나 성인이 되어 독립할 때도 자신의 힘을 과시하려고 합니다.

이 과정에서 아이는 불행합니다.

"엄마, 나 이런 거 하고 싶지 않아. 그냥 난 저녁엔 자고 싶어. 친구들이랑 놀고 싶어. 맨날 이 대회, 저 대회 끌려다니고 싶지 않아. 나 이제 이런 거 싫어."

아이 나름대로 절박하게 호소하는데 부모는 흘려듣습니다.

"네가 잘 몰라서 그래. 네가 그걸 어떻게 알아. 지금 너를 위해서 이렇게 애를 쓰는 거야."

네가 이만큼만 능력이 있어도 엄마는 그 이상 100퍼센트로 만들 수 있다고 하면서 대화가 되시 않습니다. 엄마가 지나치게 아이의 초자아 역할을 하고 있는 거죠. 이런 초자아 부모를 두면 아이는 내 안에서 초자아를 발달시킬 욕구가 생겨나지 않아요. 인간의 마음은 초자아가 비대해지면 이드를 충족시키고 싶은 마음이 있거든요. 본능을 채워야 하는 거죠. 잠도 더 자고 싶고 놀고 싶고 계속 이 호소를 할 거예요. 우리나라 부모들은 초자아 역할을 해줘야 아이들이 그 이야기를 듣고 따르면서 능력을 발휘하는 아이가 된다고 생각하는 경향이 큰데 그것은 큰 착각입니다. 그렇다고 이드만 가지고 가도 안 돼요.

인간은 항상 에고를 통해 슈퍼에고와 이드가 균형을 이루어야 해요. 항상 자신 안의 자아가 슈퍼에고와 이드, 두 개의 균형을 이룰 수 있도록 해야 됩니다.

이드 부모는 이렇습니다. 자녀가 오히려 의젓한 부모의 역할을 합니다. 부모들은 "나는 돈 없어. 뭐 필요해, 도와줘, 다른 집 애들은 더 이렇게 해주더라" 자신의 욕구만을 앞세웁니다.

이런 경우는 부모가 완벽한 무능력자가 된 모습으로 본인의 모든 삶을 자녀가 해결하게 만듭니다. 자녀가 은행 업무도 봐야 하고, 병원도 다 알아봐야 하고, 장도 봐줘야 하고, 뭐든

다 부모를 돌보게 만드는 겁니다. 그러면서 이 자녀는 정말 부모가 싫어지는 거죠.

어느 쪽이든 한쪽으로 치우친 것은 아이에게 부담을 줍니다. 초자아와 이드의 적절한 균형을 찾아가는 것은 부모로서 끊임없는 성찰의 과정이 필요합니다.

'나는 초자아 부모인가', '나는 이드 부모인가'의 중심선에서 '나 자신의 본능을 스스로 돌보면서 아이에게는 적절한 울타리를 쳐주는 부모'가 되어주기를 바랍니다.

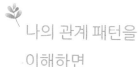

결국 아이를 잘 키우기 위해서는 내가 건강해야 합니다. 그 말은 아무리 강조해도 모자람이 없습니다. 나를 사랑하기 위해, 내가 건강하기 위해서 스스로 매일 연습해보았으면 합니다.

  - 나는 있는 그대로의 나를 사랑합니다.
  - 나는 내 주변의 사람들을 편안한 마음으로 바라봅니다.
  - 나는 존재 자체로 귀한 사람입니다.
  - 나는 내 삶을 건강하게 만들 수 있는 힘이 있습니다.

스스로 알지 못하는 '나도 모르게 떠오르는 자기만의 생각'을 인식할 수 있어야 합니다. 이럴 때는 이 생각을 끊어내는 연습이 필요합니다. 이런 생각은 우리를 무의식적으로 행동하고 말하게 하면서 삶을 통제합니다. 그리고 내 생각이 맞으니 상대의 행동이 달라져야 한다고 생각합니다. 그것을 아이에게도 하고 있습니다. 자신은 옳고 상대는 잘못했다고 생각하면 그 대화의 흐름은 뻔합니다. 관계를 회복하는 대화를 시작하기 위해서는 내 마음을 인정하고 이해하는 것입니다.

나의 상처를 이해하고 아이의 상처를 바라본다는 것은 부모로서 꼭 필요한 과정입니다. 우리는 우리 자신을 잘 안다고 생각하지만 생각보다 자신의 감정과 깊은 마음은 잘 모르는 경우가 많습니다. 내가 나를 잘 알려면 한 걸음 떨어져 나를 보는 것이 필요합니다.

'나에게 취약한 것은 무엇인가'

'내가 숨고 싶은 감정은 무엇인가'

'갈등이 일어났을 때 나는 어떻게 그 문제를 해결하는가'

'내가 정말 극복하고 싶은 인생의 과제는 무엇인가'

'어떤 상황에서 나는 분노하게 되는가'

이런 질문들에 대해서 시간을 두고 자신의 내면에 집중해 생각해보았으면 합니다.

좋은 부모를 만나지 못해서, 부모 역할의 본보기를 보지 못

건강한 관계를 맺기 위해

해서, 상처받은 어린 시절을 벗어나지 못해서, '어떤 부모'로 살아가야 할지 물어보는 사람들에게 저는 이렇게 말합니다.

"아이에게 좋은 부모가 되기 위해, 우선 자신을 잘 돌보아야 합니다. 자신의 삶을 잘 살아간다면 아이의 욕구가 무엇인지, 아이의 시선이 어디에 있는지 볼 수 있는 힘이 생깁니다. 시간이 걸릴 수도 있습니다. 그래도 나아갈 수 있습니다. 그것이 인간 본연의 힘입니다."

인생을 살아가면서 모든 사람에게는 다 상처가 있습니다. 상처의 종류와 깊이가 다 다른 것이죠. 상처가 있다고 해서 좋은 부모가 될 수 없는 것은 절대 아닙니다. 그 과정에서 노력이 더 들어가는 것뿐입니다. 아이와의 관계에서 나를 이해하는 것이 중요한 것은 나의 관계 패턴을 이해해야 되기 때문입니다. 내가 하는 행동의 패턴을 인지하면서 이것이 아이에게 좋은지 나쁜지 파악하고 있다면 그것으로도 부모로서 '건강한 관계 맺기'의 기초를 이룰 수 있습니다.

"자신의 상처가 무엇인지 알아야 합니다.
그로 인해 자신이 하고 있는 반응은 무엇인가요?"

"아이를 통해 무엇을 이루고 싶은지
잘 봐야 합니다.
그것이 정말 아이가 원하는 것인지,
내가 원하는 것인지를요."

PART 5

정서적인 독립과
나아가기

유연한 연결과 독립으로 우리 아이가 가고자 하는
자신의 길을 힘차게 내딛을 수 있기를.
자녀교육의 가장 최종적인 방향은
부모로부터 자녀가 잘 독립하는 것입니다.
몸의 독립만을 이야기하는 것이 아니라
정서적으로 잘 독립하는 것입니다.

아이가 독일에서 혼자 공부할 때, 저는 아이에게 멀리 있지
만 연결되어 있다는 느낌을 주기 위해 노력했습니다. 3번, 일어
날 때, 학교 끝날 때, 잠들 때 하루에 3번 어김없이 전화하면서
서로의 일상을 나누고 교감했습니다. 제가 아이에게 했던 원
칙은 단 하나, 아이의 정서를 알아주는 것이었습니다.

그때 우리 부부는 아이에게 딱히 해결책을 제시해주지는 않
았습니다. 아이가 감정을 토로하면 '화났겠다. 속상했겠다' 등
의 감정만 읽어주었습니다. 그러면 아이가 정서적으로 안정을
찾고 스스로 해결책을 찾아가는 법을 배웠습니다. 걱정되는
상황도 있었지만 삶의 크고 작은 선택, 진로에 대한 결정권은
모두 아이에게 있다는 것을 기본적인 원칙으로 삼고 지켰습니
다. 그것은 바로 제가 저의 부모님에게 배운 가치였습니다. 간
혹 흔들리거나 어려움을 겪는 일도 있었지만 아이가 자기 길

을 잘 찾아간 것은 그렇게 정서적인 안정감에서 나오는 독립과 언결이 잘 이루어졌기 때문이라고 생각합니다. 자신을 굽어 살피는 부모의 든든한 사랑이 느껴지면 이것은 이제 내 삶을 건강하게 독립시켜나갈 힘이 되어줍니다.

아이가 레지던트 수련을 밟는 어느 날, 전화가 왔는데 잠시 자기 이야기를 들어달라고 하더라고요. 정신과 병동에서 환자의 폭력이 있던 상황이었습니다. 체구가 작은 아이에게 물리력이 가해지면서 정신없던 와중에 다른 사람들이 그 상황을 제압하여 종료시켰다고 하더라고요. 상황이 진정되니 자신이 의사로서 그 순간에 아무것도 할 수 없고, 부족했다는 마음이 들어 괴로웠음을 토로했습니다. 그 상황에 대해서 쭉 자기 이야기를 하더라고요.

"대처하는 방법이 너무 의사답지 못했던 것 같아. 상황이 지나가고 보니 환자의 행동이 이해되는 거야. 의사인 나에게 구조 요청을 한 것이었는데 나는 공격으로 받아들이고 오히려 도움 요청을 했으니 기분 나빴겠지."

그렇게 부모인 우리에게 이야기를 하면서 감정을 찾아가고

수습하더라고요. '아, 성인이 되어서도 관계가 열려 있기에 자신을 드러내고 표현한 것이 아닌가' 하는 생각이 들어 자신의 부족함과 욕구에 대해 스스럼없이 이야기를 해주는 아이에게 고마웠습니다. 스스로 해결책을 잘 알고 있었고 다만 감정을 나누고 싶었던 것이겠죠.

"어떤 과정이었는지 앞으로 어떻게 해야 할지 네가 가장 잘 알고 있다는 것 알아. 괜찮아, 이 상황을 통해 넌 또 달라져 있을 테니까. 어쩌면 말하고 싶지 않았을 수도 있는데 이렇게 말해줘서 참 고마워."

저에게는 이 일의 상징성이 컸습니다. 숨길 수 있는 이야기도 부모인 제게 이야기했다는 것에 우리는 정서적으로 연결과 독립이 잘 이어진 것 같아 나름의 안도가 들었습니다.

자녀교육의 가장 최종적인 방향은 부모로부터 자녀가 잘 독립하는 것입니다. 결혼하거나 멀리 떠나면서 몸의 독립만을 이야기하는 것이 아니라 정서적으로 잘 독립하는 것이죠. 이 독립은 연결과 한 짝을 이룹니다. 정서적 연결과 독립이 늘 함께 가는 것입니다. 가족 심리학자 보웬은 건강하고 행복한 가

정서적인 독립과 나아가기

족이 탄생하려면 부모로부터 자녀가 정서적으로 독립하고 분리되어야 한다고 말합니다. 부모와 안정적인 유대관계를 유지하면서 동시에 분리와 독립이 이루어져야 하는 것이죠.

자녀의 분리와 독립은 부모가 자녀의 경제적 문제, 인간 관계, 진로 선택 등 전반적인 생활방식을 존중하고 이해하는 태도에서 시작됩니다. 결국에는 이 모든 것이 자녀의 행복한 삶을 위해 부모가 해야 하는 일이라 생각해주세요.

아이가 의대 졸업 무렵, 과를 고민하는데 최종적으로 정신
과를 선택했습니다. 의대에 다니면서 성적이 매우 우수했기 때
문에 신경과 전문의였던 박사 과정 지도 교수가 아이에게 신경
과를 오라고 설득했어요. 그런데도 정신과를 선택하더라고요.
그 이야기를 듣고 혹시 저의 영향을 받아 정신과를 선택한 것
은 아닌지 궁금했어요.

"엄마가 죽은 다음에도 넌 30년을 더 살아야 돼. 그런데 30
년 동안 너도 재미있게 지내야 되니까, 네가 좋은 거 해야 돼.
엄마 아빠 영향 받을 필요 없어. 우리 생각하지 말고 온전히
네가 선택할 몫이야."

그런데 아이가 이렇게 얘기를 했어요. 다른 과에서는 질병

의 원인에 집중해 그 비중이 훨씬 높다면 정신과에서는 환자의 치료 과정에 초점을 맞추는 것이 좋다는 거예요. 이왕이면 '과정을 함께하는 것'에 더 보람을 느낀다는 이야기에 제가 공감했어요.

"그러면 엄마가 도와줄 수 있는 만큼은 너한테 해줄게. 나눌 수 있는 지식들이 있으면 같이 생각해보자."

아이가 자라면서 부모의 가치관, 미래관, 사고방식에 영향을 받았겠지만 결국에는 아이의 삶이거든요. 자기 스스로 선택하고 인정하는 길이라야 그 인생은 힘이 있어요.

내가 맞다고 정답을 강요하는 사람들을 보면 힘이 빠집니다. 세상에는 정답은 없습니다. 답은 정말 다양해요. 그러니까 스스로 결정하면서 살아야 해요. 하다 보면 틀릴 수도, 맞을 수도 있어요. 그렇지만 그 과정 속에는 내가 선택한 나다움이 있어요.

그런데 아이가 자기 선택을 못하게 부모가 가로막는 경우를 보죠. 부모 뜻에 가려져 자기 욕구를 못 보는 사람도 많아요. 부모의 사랑이 위협적인 사랑이 되는 경우도 보게 됩니다. 바로 부모가 아이에게 협박의 언어를 쓰는 겁니다. 어떻게 이 협박이 이루어지는 걸까요? 내가 원하는 것과 아이가 원하는 것이 다를 때, 아이를 내가 원하는 쪽으로 끌어오고 싶을 때 아이한테 협박을 해요. 그런데 이것이 협박인지도 모르고 협박을 합니다.

예를 들어 부모들이 자주 쓰는 말이 "너 말 안 들어? 그럼 엄마 간다"입니다. 엄마가 떠난다는 이야기는 어린 아이들에게는 협박이에요. 거의 죽음의 공포를 느껴요.

그런데 아이가 크면서 이 언어가 바뀌게 됩니다. "엄마 간다" 이렇게 하지 않고 "너 말 안 들어? 너 엄마 죽는 꼴 볼래?" 해요. 그러면 아이는 아무것도 못해요.

굉장히 파괴적인 모습을 아이에게 보이면서 꼼짝 못하게 하는 거죠. 나이 들어서도 그렇습니다. "네가 나 안 돌보니 치과도 못 가고, 허리도 아프고, 온몸이 다 아프다" 너무 건강하지 못하죠. 자신의 삶은 자기가 책임을 져야 해요. 나의 건강, 내 삶의 질, 이것은 자녀의 몫이 아니라 나의 몫이에요. 이렇게 자녀를 끌어들이면 자녀는 자신의 삶을 살지 못해요.

이런 경우가 많지만 부모는 '난 아니다'라고 생각해요. 그런데 우리가 쓰는 언어들 속에 이런 협박이 많이 포함되어 있어

정서적인 독립과 나아가기

요. 이런 협박의 말은 부모의 생각대로 끌고 오기 좋을 수도 있겠지만 아이 입장에서는 큰 혼란을 가져옵니다. 아이에게 굉장히 괴로운 일입니다.

"이러면 너랑 못 살아", "너 안 되겠다, 같이 못 살겠다" 아무렇지 않게 이런 말을 하는데 아이에게는 엄청난 위협이 되는 거죠.

저는 늘 말하기를 부모는 아이에게 지킴이 역할을 하면 된다고 합니다. 아이에게 지킴이 역할을 해야지 자녀의 설계자가 되면 안 된다고요. 개입하지 않는다고, '아이한테 아무것도 안 해도 돼, 그냥 내버려두는 게 잘 크는 거야' 이런 게 아니라 지킴이 역할만큼은 좋은 시킴이로 직극적으로 해주는 겁니다. 하지만 지킴이로 끝날 뿐 삶의 설계는 자녀 스스로 해야죠. 그런데 많은 사람들이 착각합니다. '넌 아직 어려서 잘 몰라', '엄마 아빠가 살아보니 이래' 이러면서 아이의 삶을 설계합니다.

저는 아이들로 인해 불안해할 필요가 없다고 생각해요. 아이들은 저마다 모두 성공적인 작품들이에요. 너무 훌륭한 작품들이기 때문에 아이는 자기 나름의 인생을 가지고 태어나는 거예요. 어떤 아이는 음악을 하고 싶고 어떤 아이는 과학을 배우고 싶고 어떤 아이는 조용히 살고 싶고 어떤 아이는 활동적으로 살고 싶고 모두 다 태어나면서부터 받은 것이 다른 거죠. 부모로서 그런 부분을 인정해주고 아이의 좋은 지킴이 역할을 해주면 돼요. 부모가 근본적인 믿음으로 아이를 지지해줄 때 아이는 그것을 모두 느낍니다. 지킴이가 제대로 안 지켜주면 아이는 세상 풍파를 온몸으로 맞으며 너무 춥다고 여기죠. 안전한 환경 속에서 결국 나답게 살 수 있도록 도와주는 것이 부모의 존재 이유일 것입니다.

바람직한 분화에 대해

연결과 독립을 말하면서 저는 우리나라의 효 사상을 바로 잡았으면 좋겠다는 마음으로 하고 싶은 이야기가 있습니다.

옛날 어린이 동화에 이런 내용이 있어요. 다 배고프고 어려운 시절에 먹을 게 없어서 계속 부모가 굶고 있으니 어느 효심 깊은 아들이 부모한테 맛있는 걸 해주기 위해 결심을 해요. 부엌에 가서 자기 허벅지 살을 도려서 고깃국을 끓여줬다는 거예요. 이건 효심도 아니고 너무 잔혹한 내용이죠. 이런 건 진짜 부모를 형편없는 사람으로 만드는 거잖아요. 그런데 이런 내용을 동화로 들려줘요. 우리의 효 이야기에는 이런 내용이 들어 있습니다. 심청전도 무시무시하죠. 아버지의 눈을 뜨게 하기 위해서 죽는 거잖아요. 목숨을 바쳐서 아버지가 세상을 보게 한다는 것은 결국 부모로서는 내 눈을 뜨기 위해 자식을 죽인 거니까요. 그런 건 효도가 아니에요.

부모가 훨씬 더 폼 나고 힘 있고 카리스마 있게 내리사랑을 줄 수 있는 효도의 문화가 정착이 됐으면 좋겠어요. 그래서 우리가 가야 할 효도는 우리 부모님은 날 사랑하시고, 그들은 든든하게 생존하시든 아니든 나를 위해서 항상 지켜주는 분, 이 마음을 다 느끼게 하는 거예요. 이런 든든함으로 자기 자신은 멋지게 살아가는 모습으로 보답하는 게 새로운 효도 문화가 되었으면 좋겠어요.

부모는 아이가 성장할 때까지만 지켜주면 돼요. 그다음에는 스스로 자립해야죠. 부모로서도 그래요. 가장 바람직한 건 일단은 내 목숨 하나는 내가 책임지는 사람이 돼야 하죠. 경제적으로나 심리적으로나 생활적인 면에서나 모든 면에서 그래요.

그런데 그게 잘 되지 않았을 때 부모자식 간에 서로 도움을 주고받을 수 있는데 그게 너무 일방적인 자기 희생이 과해지고 저울이 너무 한쪽으로 기운다고 했을 때는 제동이 걸려야 합니다.

부모님에게 도움을 드릴 때 생활의 지장이 가는 수준이면 안 된다고 생각해요. 어떤 사람은 부모님에게 효도하기 위해 생업을 버리고 온갖 부모에 대한 보살핌을 전담해요. 생활적인 면에서는 부모님이 도움을 받겠죠. 그러나 그들은 한참 일하는 40대, 50대에 자기 능력을 집는 거잖아요.

그래서 부모들이 항상 자녀들한테 "네가 잘 사는 것, 또 네 가족이 행복한 것이 우리한테는 가장 큰 효도야"라는 것을 꼭 강조하고 제시해줘야 해요. 부모나 자녀나 각자 자기 몫을 하며 잘 살아야 하는 거죠. 다행히도 요즘 우리 사회도 그런 개념들이 생기고 다양한 아이디어를 내는 것을 피부로 느껴요.

요즘 들어 할머니 할아버지 육아를 하면서 힘듦을 토로하는 상담도 많이 있어요. 일하는 부모를 대신해서 육아를 하는데 여기서도 갈등이 촉발돼요. 우리나라에서 흔히 볼 수 있는 것이 부모나 자녀들에게 과하게 주고, 또 과하게 기대하는 부분들이 있어요. 자녀 세대들도 부모가 해주는 것을 당연시하고요. 그런데 이 세상에는 공짜가 없어요. 부모님이 물론 헌신적으로 많이 해주죠. 해주면 이거에 대한 상응하는 보답은 자유를 상납해야 돼요. 부모 말을 잘 들어야 돼요. 통제권이 부모에게 가 있는 것이죠.

이런 갈등으로 저를 찾아온 내담자가 있었는데 조부모가 손주를 전적으로 양육해주고 있는 경우였어요. 자녀들은 그만한 용돈을 드리죠. 그런데 연로하신 부모님이 힘들게 자기 자녀를 키운다는 죄책감에 아이를 자기식으로 키울 수가 없는 거예요. 교육관도 부모님과 충돌하죠. 나름대로 잘 키우고 싶은 마음이 있는데 감히 그걸 말하지 못하는 거예요. 그 과정에서 남편의 중간 역할이 중요한데 원하는 만큼 충족이 되지 않으면 부부 갈등이 되는 거죠. 그러면서 여러 문제가 일어나고요. 서로 양가 부모님의 도움을 놓고, 우리 부모는 해주는데 상대 부모는 왜 안 하느냐 이렇게 갈등이 생기기도 하고요. 어떤 경우는 양육을 안 도와주는 부모님에게 앙금이 남아 한처럼 여기는 사람도 있어요. 아이를 낳으면 그때부터는 자기 책임인 건데 그 또한 독립하지 못한 경우죠.

조부모가 희생하면 희생하는 만큼 자기 파워를 갖고 싶어요. 그렇기 때문에 도움을 받는 정도로 끝나야 됩니다. 그리고 효과적인 의사소통 방법을 고민해야 돼요. 모든 관계에는 진짜 효과적인 의사소통이 필요합니다. 심리학에서 개발해놓은 의사소통 방식이 있어요.

"어머니, 지금 이렇게 보니까, 아이가 텔레비전 보고 있는데, 아이가 계속 텔레비전만 보는 것 같아서 제 마음이 좀 불편해요."

비난이 아니라 자기 마음에 초점을 맞추어 표현하죠. 이런 식으로 해서 의사소통은 늘 이루어져야 돼요. 그리고 의사소통을 할 때 주기적으로 하는 것도 하나의 방법이에요. 일주일에 한 번은 "엄마, 이런 것들이 참 고마웠어요. 또 이런 부분들은 우리가 같이 했으면 좋겠어요" 이런 소통이 주기적으로 이루어지면 방향 조정에 도움이 됩니다.

그런데 이런 소통이 없으면 불만이 계속 누적되면서 걷잡을 수 없이 갈등이 번지거든요. 이렇게 해서 이혼 위기, 자녀 갈등으로 이어져 상담을 오는 경우도 참 많아요. 너무 안타깝죠.

어떤 이야기를 할 때는 토론하지 말고 순서를 정해서 이야기를 하는 거예요. 돌아가면서 이야기하는 거죠. 예를 들어 "엄마, 나, 우리 남편" 이렇게 있으면 아이 문제에 대해서 짧게 10분만 한 명씩 돌아가면서 이야기하는 것으로 정합니다. 10분씩만 돌아가면서 이야기하는 거예요. 자칫 토론으로 흐르면 원래 정해진 순서로 다시 시작합니다. 맞고 틀린 것을 판가름하는 것이 아니거든요.

"이럴 때 마음이 많이 무거워요", "네가 그렇게 말할 때 부담이 많이 된다" 이러면서 딱 그 부분만 알아주는 거예요. 그러다 보면 해결책이 나와요. 표현을 하면서 분출해야 하는데 그

분출이 감정적으로 변하지 않아야 합니다. 그래서 이렇게 규칙을 정해서 소통하고 표현하도록 합니다.

10분이 길면 5분도 좋아요. 단, 주기적으로 반드시 하는 거죠. 어떤 상황이든 표현을 해야 서로의 마음을 알 수 있습니다. 그것이 미래의 더 큰 갈등을 방지할 수 있어요. 그렇다면 좀 더 효과적으로 표현이 전달될 수 있도록 서로 노력해보았으면 합니다.

정서적인 독립과 나아가기

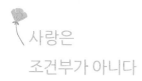

사랑은
조건부가 아니다

정말 수많은 부모와 아이를 보면서 '조건부'를 빼놓으면 아이를 키우기가 훨씬 편안해질 거라는 생각을 합니다. 저는 아이에 대한 칭찬과 격려는 아낌없이 해주길 바라요. '아이한테 너무 칭찬 많이 하면 오만해져' 이렇게 생각하는데 저는 칭찬의 기능을 확신해요. 다만 칭찬을 많이 해주되, 그 칭찬 안에는 아이 자체에 대한 존중이 들어 있어야 돼요. 결과의 조건을 붙이는 게 아닌 거죠. '네가 공부를 잘하니까 너는 괜찮은 아이야.' 이런 것은 조건부예요.

"너 할 일을 스스로 찾아가면서 하는 게 넌 참 괜찮다."
"노느라 지나칠 수도 있는데 정리하는 모습이 참 보기 좋다."

이런 건 아이 자체의 과정과 존재를 긍정해주는 거죠.

그런데 아이가 다 커서 부모가 자주 범하는 실수가 있습니다. "용돈 많이 줘서 좋은 애다" 이렇게 말합니다. 그러면 자녀는 속으로 '돈을 더 드려야 되나' 갈등이 되는 거예요. 칭찬을 할 때는 인간이 가진 근본적인 의도와 동기에 초점을 맞춰서 칭찬해주는 게 가장 중요합니다.

칭찬 말고 부모의 사랑에도 우리는 조건을 붙여요. 유학생이면서 워킹맘이었던 독일에서의 생활을 떠올려보면 잘 지내왔다고 생각하지만 정말 정신없이 바쁘고 너무 치열한 때이기도 했어요. 아이를 돌 되기 전에 어린이집에 보내기 시작했고 일하고 돌아와서 아이가 잠든 뒤 공부를 해야 했어요. 정말 이를 악물고 생활했던 것 같아요. 그 어린이집에서 우리 아이가 제일 어렸죠. 다른 어떤 도움도 받을 수 없었기 때문에 이 상황을 받아들이자, 했어요. 그러다가 아이가 잠들면 충분히 놀아주지 못한 건 아닐까 안 좋은 마음도 들었어요. 아이를 제시간에 못 맞춰서 데려간 적도 많았어요. 쫓기는 느낌도 많아서 시간 활용이 저에게는 항상 큰 과제였던 것 같아요.

그래도 아이와 함께 있는 그 시간들이 참 소중하다는 것은 알고 있었어요. 아이랑 지내는 시간을 충분히 즐기자, 이 시간

정서적인 독립과 나아가기

만큼은 아무것도 생각하지 말고 아이와 흠뻑 즐기자. 그냥 우리 아이니까, 나는 나대로 정말 온 마음으로 사랑해주자.

자칫 아이를 안쓰럽게 바라보게 되면 아이는 안쓰러움의 테를 두른다고 생각했어요. 난 '일하는 엄마'니 일하는 시간에 최선을 다하는 것은 당연한 나의 몫이고, 그것을 아이가 자연스럽게 받아들여야 된다고 여긴 거죠. 아이와 주어진 시간을 잘 보내면 아이도 당당한 성장을 할 거라 믿으면서요. 상황이 변하지 않는다면 '이 상황에서 아이에게 주지 못하는 것보다 내가 줄 수 있는 좋은 것을 많이 주자'라고 생각했습니다. 그래서 아이와 있는 시간만큼은 행복하게 지내려고 했어요. 그 마음이 전해진 것인지 주변 사람들이 참 많이 도와줬어요. 그땐 모든 것이 감사했죠. 부족할 수도 있었지만 제가 보내는 진심을 아이도 느꼈던 것 같아요.

부모가 자신에게 헌신한 그 시간들을 아이들은 알고 있어요. 부모가 대가를 바라고 아이를 키우지 않듯, 아이도 조건부 부모를 바라지 않아요.

부모들이 상담 와서 많이 하소연해요. 영어 유치원도 보내고 싶고, 수준 높은 학원도 보내고 싶고, 더 많은 것을 해주고 싶고, 그렇게 못해주는 자신에게 열등감을 느껴요. '내가 부자였다면', '내가 가진 것이 많았다면', '내가 아이와 보내는 시간이 더 많았다면' 아이에게 늘 미안해하면 아이는 자신을 미안함으로 인식하겠죠.

부모가 아이를 위해 지금의 자리에서 할 수 있는 그대로를 받아들였으면 합니다. 저는 부모님들이 자신에게 '이만하면 잘하고 있다, 괜찮다' 하면서 부모로서 당당함을 가졌으면 해요. 지금 내 아이에게 해주는 것이 최선임을 기억하면서요.

정서적인 독립과 나아가기

저는 독일에서 가난한 유학생이었어요. 더러는 풍족하게 지내는 유학생도 있었지만 저는 유학생은 원래 가난한 거라고 생각해요. 그래도 작은 집이지만 나만의 보금자리는 예쁘게 꾸미고 싶었어요. 그래서 추억을 만들려고 많이 노력했는데요. 그때 아이 옷도 직접 만들어 입히고 장난감도 재밌게 활용할 수 있도록 기발한 아이디어를 많이 냈어요.

제 딴에는 아이가 풍성한 하루를 보낼 수 있도록 늘 아이디어를 냈던 것 같아요. 그런데 감사하게도 사람들이 아이에게 빛이 난다는 말을 해주었어요. 지금 돌아봐도 늘 아이가 반짝거렸던 것 같아요. 아마 제가 그런 눈으로 아이를 바라보았기 때문이 아닐까 싶어요. 우리는 임대 아파트에서 생활했는데 예쁘게 꾸며서 우리에게는 천국 같은 공간이었어요. 독일은 벼룩시장이 매우 활성화되어 있어요. 주말이면 벼룩시장에서 재미난 장난감을 구해서 아이를 즐겁게 해주고 맛있는 와플과 아이스크림을 사먹기도 했어요. 이렇게 벼룩시장이나 브레멘 공원을 온가족이 산책했어요.

저는 그 산책 시간을 너무 좋아했어요. 그 기억을 떠올리면 여전히 산뜻한 바람소리가 들려와요. '나는 돈도 없고 가난하니까 아이한테 해줄 것도 없어서 이렇게 지낸다' 이렇게 속상하고 궁색하다는 마음으로 살았으면 결코 이런 추억은 제게 없었겠죠.

어느 날, 한 독일 친구 집에 갔는데 집이 엄청나게 멋지고 좋았어요. 순간 부럽더라고요. 나는 언제나 이런 집에 살아볼까 그런 마음도 스쳤어요. 나도 이렇게 인테리어 하고 싶다. 이런 마음도 솟구치고요. 그렇지만 그 순간이었던 것 같아요.

집에 오면 우리 집이 최고의 스위트홈이라고 여겼어요. "우리 집이 가장 행복해. 천사가 우리 집에 있으니까" 늘 해주는 말이었는데, 아이도 자연스럽게 그렇게 느끼더라고요. 우리 집에 오면 아이한테는 우리 집이 왕국이었어요. 재미있는 장난감도 많고 아빠가 숨바꼭질하면서 숨어 있고 못 찾는 척 하면서 찾아나서는 재미있는 놀이터인 거죠. 우리가 돈이 많이 있어야만 행복한 게 아니잖아요. 값비싼 장난감 아니더라도 병뚜

껌 가지고도 잊지 못할 경험을 할 수 있어요.

쇠책감으로 아이를 안 된 아이, 안쓰러운 아이로 만들지 않았으면 합니다. 늘 아이를 키우면서 생각한 부분이었어요. 부모의 시선이 중요하다고요. 시선을 통해 말이 나오고 표정이 나오거든요. 아이는 자신을 그렇게 생각하지 않는데 부모가 계속 그런 반응을 보이면 작아질 수밖에요. 아이에게 너무 미안해할 것도, 채워지지 못한 현실을 너무 원망할 것도 없습니다. 우리는 모두 상대적인 삶에 놓여 있습니다.

한 생명을 이 세상에 내보내 성장시킨다는 것, 얼마나 대단한 일을 하는 거예요. 전 아이를 보면서 다시금 제가 귀한 사람이라는 생각을 했어요.

'너를 낳은 것, 너의 성장을 지켜보는 것, 너의 기쁨과 즐거움, 때로는 슬픔과 아픔을 함께 하는 것, 세상에 태어나 내가 참 잘한 일이다.'

우리가 아이를 키우는 일에 스스로 가치를 부여하기를 바랍니다. 충분히 괜찮은 부모라고 믿으면서요.

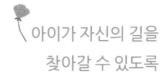

아이가 자신의 길을
찾아갈 수 있도록

　아버지는 전쟁으로 인해 폐허가 된 집안을 일으키려 교사
라는 직업을 택하셨어요. 낮에는 학생들을 가르치고 학교가
끝난 뒤에는 가업이었던 목장일도 함께 병행하셔야 했습니다.
힘드실 법도 한데, 자연과 함께 어우러져 살 수 있는 것이 매우
행복하다고 말씀하셨습니다. 은퇴 후에도 오랜 시간, 하시고
싶은 일들을 하시면서 즐겁게 생활하셨어요.

　어머니는 일평생 대가족을 건사해야 하는 맏며느리의 책임
감을 안고 사셨는데, 노년기는 말 그대로 새로운 삶이셨습니
다. 칠십이 넘은 나이에 대학원 공부를 다시 시작하셨는데 어
머니는 그 생활을 매우 즐거워하셨어요. 같이 공부하는 어린
학생들과, 교수들까지도 "어머니, 어머니" 하며 따라 다닐 정도
였으니까요. 어머니에게 전화해서 시험 잘 보셨냐고 물으면 어
머니의 대답은 거의 한결같았어요.

"그럼 잘 봤지. 최선을 다해서 보면 되지. 재미있어."

이렇게 어머니는 시험까지 즐기셨어요. 열심히 강의를 듣고 하나라도 배우는 게 있으면 신이 난다고 하셨어요. 그 모습을 보고 저 역시 새로운 인생의 가치를 배웠습니다.

그리고 항상 어머니를 찾아뵙고 돌아올 때면 한결같은 말을 해주세요.

"내 걱정 말고 너의 삶을 살아. 너 잘 사는 게 나에게는 최고의 효도야. 우리 각자 다 용기 있게 잘 사는 거야. 엄마는 멋지게 잘 살고 있어."

이 말 속에 정말 깊은 부모의 사랑을 느껴요. 이 이야기는 우리를 위한 이야기거든요. 자식들 걱정하지 말라고 의연한 모습을 보여주시려는 거죠.

아이를 키우는 것은 '연결하기'와 '놓아주기'의 과정입니다. 잘 연결되어 있는 관계는 아이가 성인으로 잘 성장해서 놓아줄 시기가 되어도 편안합니다. 아울러 부모는 자신의 삶을 잘 살아감으로써 독립된 자녀에게 자유로움을 줄니다.

자라는 동안 아이들은 부모의 품 안에서만큼은 마음껏 자유로워야 합니다. '우리 엄마 아빠는 아무런 조건 없이 있는 그대로 나를 사랑해'라는 믿음이 있을 때 아이는 자유롭게 행동합니다. 그런 신뢰가 있어야 아이는 자기 본연의 욕구를 바라보며 성장할 수 있습니다.

우리는 부모로서 아이 스스로 선택하고 이 세상을 잘 살아갈 수 있도록 도와주면 됩니다. 아이가 부모와의 편안한 연결 속에서 건강하게 성장할 수 있다는 것을 믿으면 되는 것이죠.

유연한 연결과 독립으로 우리 아이가 가는 길을 힘차게 지지할 수 있기를, 부모 안에서는 자유롭고 세상 밖으로 내딛는 힘은 자기만의 색깔로 당당하길, 그렇게 우리 아이들이 자기 길을 가기를 응원합니다.

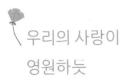

우리의 사랑이
영원하듯

눈을 감으면 부모님 모습이 선연합니다. 젊고 사랑이 많았던 부모님. 짊어진 책임감이 무거웠던 때였지만, 항상 저를 보고 "사랑한다"고 하셨던 부모님. 젊었던 부모님보다 더 나이를 먹고, 인생을 지나오면서 부모님이 얼마나 용감하게 그 세월을 헤쳐오셨는지 새삼 깨닫게 되었습니다.

다시 눈을 감으면 할아버지 할머니 모습도 떠오릅니다. 중학생 때 할아버지가 돌아가시고 온 마을이 슬픔에 잠기던 그날의 적막이 기억납니다. 50년 가까운 시간이 흘렀지만 여전히 할아버지의 따뜻한 목소리가 제게 들립니다.

아이를 낳고 키우면서 다시 사랑을 배웠습니다. 아이는 또다른 기쁨이었고, 행복이었습니다.

어느 날, 아이와 밥을 먹는데 그 순간이 너무 소중하게 느껴졌습니다. 너와 내가 이렇게 눈을 마주치고 별것 없지만 웃으며 이야기를 주고받으면서 편안한 숨소리 느끼며 한 순간을 보내고 있는 것, 사소한 순간이지만 난 지금 눈부신 사랑을 하고 있구나. 아이의 목소리를 들으며 그렇게 생각했어요.

순간의 기억이 이렇게 아름다워요. 어떤 내담자가 한 이야기도 기억납니다. 아빠가 집으로 돌아오길 기다리던 그 순간에 대해서요. 삼교대를 하던 아빠를 보는 시간이 일정하지 않았는데 아빠는 항상 일이 끝나면 아이에게 줄 작은 먹을거리를 가지고 왔대요. 아빠가 퇴근길에 사오던 꼬깃한 종이봉투 안에 붕어빵이며 군밤, 그날 배식으로 남겨둔 흰 우유 같은 것들을요. 따뜻한 스킨십이 서먹하던 아빠였지만 그건 아빠가 사랑을 표현하는 아빠만의 방법이었죠.

'아빠, 춥지 않을까?'

그 사랑을 돌려주고 싶은 마음으로, 작은 인기척에도 새벽녘 나가는 아빠에게 인사를 하고 싶었던 것은 아이가 아빠에게 해줄 수 있는 최고의 선물이었을 거예요. 문 사이로 스며들던 추운 날의 매서운 바람. 그 속에서도 따뜻하게 마음을 채우던 사랑이었던 것을 서로가 아는 거예요. 최선을 다해 사랑하

　　　　　　　　　　　　　정서적인 독립과 나아가기

고 그 사랑을 기억하는 마음, 가슴에 남은 사람들의 아름답고 빛나는 순간을 간직하는 거예요.

따뜻한 숨결, 용기 낸 목소리, 넓고 그득한 품, 사랑하고 사랑받았던 기억은 오래도록 남아 우리 아이에게도 이어집니다. 사랑하는 사람들과 좋은 순간을 만들어가는 것, 그 기억은 우리 인생을 따뜻하게 감싸줍니다. 삶의 굽이굽이, 가파른 절벽에서든, 길 잃은 사막에서든 우리 아이들을 지켜주는 힘이 될 거예요.

"엄마 아빠 걱정하지 말고 너의 삶을 살아.
우리 각자 용기 있게 잘 사는 거야."

"앞으로 어떻게 해야 할지
네가 가장 잘 알고 있다는 거 알아.
이 상황을 통해
넌 또 달라져 있을 테니까."

감사의 말

내가 배운 사랑은

책을 쓰면서 내내 떠올린 아버지에게 감사의 말을 전하고 싶다. 아직은 아버지가 이 세상에 계시지 않는다는 것이 실감 나지 않는다.

물리학을 전공하신 아버지는 겨울 방학이 되면 내게 수학 이나 물리 과목을 가르쳐주셨다. 성실한 성품으로 방학이 끝 날 때까지 하루도 거르지 않으셨는데, 덕분에 나는 학교 다닐 때 이 과목들에 대해선 늘 자신감이 넘쳤다.

중·고등학교를 다닐 때는 버스 정류장까지 20분 이상 걸어 야 했고 또 버스를 타고 한 시간은 또 가야 학교에 도착할 수 있었다. 학교 등교 시간에 맞추려면 새벽부터 서둘러야 했는데 그 이른 시간에도 어머니는 아침식사를 준비해주셨고 아버지는 매일 자전거로 버스 정류장까지 나를 태워다주셨다. 아버지 자전거 뒤에 탄 나는 아버지 등에 얼굴을 대고 학교 이야기, 친구 이야기를 하곤 했다.

유학 중에 한국에 오게 되면 어김없이 공항에 나오셨고 집으로 가는 차 안에서 내내 내 손을 꼭 잡아주셨다. 결혼 후에 독일에서 한국에 올 일이 생기면 우리나라 문화 특성상, 시댁으로 먼저 가게 되었는데 아버지는 잠시라도 우리 얼굴을 보려고 공항에 나와 기다리셨다. 그 짧은 시간, 우리를 안아주시고 혼자 돌아가시는 모습을 보며 가슴이 먹먹했던 기억이 생생하다.

내가 간혹 신문이나 잡지에 고정칼럼을 썼을 때도 아버지는 내 글의 가장 열렬한 애독자였고 모든 신문을 스크랩하셨다. 그리고 글에 대한 소감을 이야기해주셨는데, 거의 대부분, 칭찬과 함께 감동받았다는 긍정의 말씀이었다. 내가 뭔가를 이야기하면 아버지는 항상 밝은 얼굴로 "와~ 그래?"라고 하셨다. 분명 나의 부족함도 보셨을 텐데 아버지는 여지없이 긍정의 눈길로 바라보셨다.

수없이 많은 기억들이 떠오른다. 아버지는 돌아가셨어도 이 모든 추억들은 살아 숨 쉬고 있다. 이것은 내게 살아갈 수 있는 힘을 주고 있다. 이제 나는 그 사랑을 내 아이에게, 또 내담자들에게 전한다. 아버지가 주신 귀한 사랑은 반드시 대물림되어야 하기 때문이다. 아버지는 영원히 내 안에 남아 있다.

**아이에게 주는
감정 유산**

ⓒ이남옥, 2023

초판 1쇄 펴낸 날	2023년 2월 6일
초판 2쇄 펴낸 날	2023년 2월 14일
지은이	이남옥
펴낸이	배경란 오세은
펴낸곳	라이프앤페이지
주 소	서울시 종로구 새문안로3길 36, 1004호
전 화	02-303-2097
팩 스	02-303-2098
이메일	sun@lifenpage.com
인스타그램	@lifenpage
홈페이지	www.lifenpage.com
출판등록	제2019-000322호(2019년 12월 11일)
디자인	파도와짱돌

ISBN   979-11-91462-17-3 (13590)